Thomas von Freyberg

Tantalos und Sisyphos in der Schule

Um die Grenzen öffentlicher Bildung und Erziehung geht es in diesem Buch. Diese sind, entgegen aller offiziellen Beteuerungen, in den zurückliegenden Jahrzehnten eher enger geworden. Zugleich aber – und nicht ohne Bezug zum bildungspolitischen Rückschritt – werden diese Grenzen systematisch verharmlost und geleugnet.

Wo öffentliche Bildung und Erziehung in verwahrlosten Institutionen und unter Bedingungen struktureller Verantwortungslosigkeit stattfinden, steht die Frage nach der strukturellen Verantwortung der Pädagogik auf der Tagesordnung; und mit ihr die Frage, wie die gesellschaftlichen Grenzen von Erziehung und Bildung im Interesse der Kinder und Jugendlichen verschoben werden können.

Der Autor:

Thomas von Freyberg, Studium der Theologie, Pädagogik und Soziologie, Dissertation (1977) und Habilitation (1982) in Frankfurt am Main. Von 1968 bis 2008 wissenschaftlicher Mitarbeiter am Institut für Sozialforschung an der Universität Frankfurt am Main. Zuletzt bei Brandes & Apsel erschienen: *Störer und Gestörte* (2 Bände, 2006, zus. mit Angelika Wolff).

Thomas von Freyberg

Tantalos und Sisyphos in der Schule

Zur strukturellen Verantwortung der Pädagogik

Für Angelika Wolff

Brandes & Apsel

Sie finden unser Gesamtverzeichnis mit aktuellen Informationen im Internet unter: www.brandes-apsel-verlag.de
Wenn Sie unser Gesamtverzeichnis in gedruckter Form wünschen, senden Sie uns eine E-Mail an:
info@brandes-apsel-verlag.de oder eine Postkarte an:
Brandes & Apsel Verlag, Scheidswaldstr. 22,
60385 Frankfurt a. M., Germany

1. Auflage 2009

Umschlaggestaltung und DTP: Franziska Gumprecht, Brandes & Apsel Verlag, Frankfurt am Main
Lektorat: Roland Apsel
Druck: Impress, d.d., Printed in Slovenia, Gedruckt auf säurefreiem, alterungsbeständigem und chlorfrei gebleichtem Papier

Bibliografische Information Der Deutschen Nationalbibliothek: Die Deutsche Nationalbibliothek verzeichnet diese Publikation in der Deutschen Nationalbibliografie; detaillierte bibliografische Daten sind im Internet über http: //dnb.ddb.de abrufbar

ISBN 978-3-86099-597-6

Inhalt

Vorbemerkungen und Überblick

Um die Grenzen öffentlicher Bildung und Erziehung geht es in diesem kleinen Büchlein. Um ein altes Thema also mit durchaus aktueller Dringlichkeit.

Auf zahlreichen Bildungsveranstaltungen und Fachtagungen haben wir, Angelika Wolff und ich, die Befunde unserer gemeinsamen interdisziplinären Untersuchung über *Störer und Gestörte*[1] zur Diskussion gestellt. Naturgemäß ging es dabei immer auch um die Frage nach den möglichen und notwendigen Folgerungen. Vor allem waren es zwei Fragen, die uns stets wieder begegneten, uns weiter beschäftigten und die schließlich mich zu diesem Text motiviert haben:

Die *eine Frage* wurde uns fast obligatorisch gestellt – immer wieder und in zahlreichen Varianten – und stets verbunden mit einem Ton des Vorwurfs: Warum so negativ?! Warum kommen stets nur die Schwierigkeiten, Probleme und Defizite der *Störer und Gestörten* und ihre Konflikte miteinander zur Sprache!? Wo bleibt das Positive, das Hoffnungsvolle?! Weshalb stehen die Fehler, das Versagen, das Scheitern so im Mittelpunkt!? Ist es nicht wich-

---

1 Siehe Thomas von Freyberg/Angelika Wolff (2005, 2. Aufl. 2009; 2006). In *Störer und Gestörte* werden die Ergebnisse eines interdisziplinären Forschungsprojektes präsentiert, das am Institut für Sozialforschung an der Universität Frankfurt am Main in Zusammenarbeit mit dem Institut für analytische Kinder- und Jugendlichen-Psychotherapie in Frankfurt am Main durchgeführt wurde.

tiger und richtiger, sich an den vorhandenen Kompetenzen und Ressourcen bei *Störern und Gestörten* zu orientieren!? Um diese Frage geht es in den beiden ersten Kapiteln.

Kapitel 1 setzt sich mit dem *Ressourcen-Ansatz* in der Pädagogik auseinander, denn hier liegt der offene oder latente Bezugspunkt dieser – wie gesagt: vorwurfsvollen – Frage. Der Ressourcen-Ansatz hat durchaus den Charakter einer *zentralen beruflichen Ideologie* – nicht nur, aber insbesondere in den Feldern der Sozial- und Sonderpädagogik und immer mehr bei Lehrern und Lehrerinnen. Er legitimiert so etwas wie eine professionelle *Schonhaltung* gegenüber den schwierigen Kindern und Jugendlichen, aber auch gegenüber den Kolleginnen und Kollegen, die mit diesen Kindern und Jugendlichen arbeiten. Diese *Schonhaltung* hat viele Facetten: Sie wehrt Kritik ab, die stets nur als negative, abwertende, niederziehende oder gar vernichtende Kritik begriffen werden kann; sie zeichnet weich, verharmlost oder verleugnet die schwierigen Konflikte in diesen Berufsfeldern; sie blendet aus, verschweigt oder bestreitet Abhängigkeit, Zwang, Gewalt und Missbrauch in den sozialen Beziehungen von *Störern und Gestörten*; und sie schützt vor Schmerzen, Trauer, Hilflosigkeit und Ratlosigkeit.

Kapitel 2 setzt sich mit der finsteren Seite des Ressourcen-Ansatzes polemisch auseinander: am Beispiel des Hessischen Bildungs- und Erziehungsplans. Hier wird das verharmloste Elend, wird die verleugnete Abhängigkeit der Pädagogik verzaubert: Im Wolkenkuckucksheim einer positiven Pädagogik gerät die *Schonhaltung* zur Größenfantasie. Hier schwärmt der pädagogische Jargon, Begriffe und Ausdrücke blähen sich, Pädagogik singt mit großer Gebärde das hohe Lied hehrer und humaner Erziehungs- und Bildungsziele – ohne ein Wort darüber zu verlieren, dass genau diese Ziele tagtäglich in der Realität öffentlicher Erziehung und Bildung in diesem Land mit Füßen getreten werden. Und kaum verhüllt verbirgt sich hinter diesem Plan der Hessischen Landesregierung die finstere Rückseite des Ressourcen-Ansatzes: Missachtung und Missbrauch!

Missbraucht werden *zum einen* die guten und menschlichen Reformziele von Erziehung und Bildung – missbraucht als ebenso farbenfroher wie durchsichtiger Schleier über der Misere hessischer Bildungspolitik, von der die Rede nicht sein darf. Missbraucht werden *zum anderen* die engagierten und motivierten Erzieherinnen und Erzieher, Lehrerinnen und Lehrer, die mit großer Geste auf die guten und hehren Bildungs- und Erziehungsziele eingeschworen, denen aber zugleich wichtige Kompetenzen und Ressourcen vorenthalten werden, die nötig wären, diese Ziele umsetzen. Und missbraucht werden *zum dritten* die um das Wohl ihrer Kinder besorgten und dabei häufig überforderten Eltern, die als kompetente Erziehungspartner hochgejubelt werden, um hinterrücks gleichsam als Reservearmee für Schuldzuschreibungen bereitzustehen, in Wahrheit also missachtet werden. Und missbraucht werden *schließlich* die Kinder und Jugendlichen, die zu Experten ihrer Lebenslage, ihrer Wünsche und Interessen und zu »resilienten und kompetenten Ko-Konstrukteuren ihrer Bildung und Erziehung« aufgemöbelt und mit ihren Problemen und Konflikten allein gelassen, also im Kern ebenfalls missachtet werden. Und stets steht hinter diesem pädagogischen Jargon die schwarze Drohgebärde: »Und bist du nicht willig, so brauch ich Gewalt!«

Die *andere* Frage hat sich uns wie von selbst gestellt und irgendwie hatte sie wohl von Anfang an den Charakter einer Gegenfrage an unsere Gesprächspartner oder Kontrahenten: Von *struktureller Verantwortungslosigkeit* ist in unseren beiden Bänden *Störer und Gestörte* immer wieder die Rede: Was aber könnte heute *strukturelle Verantwortung* heißen? Und gibt es eine solche Verantwortung der Erzieherinnen und Erzieher, der Lehrerinnen und Lehrer; sind sie zuständig und verantwortlich für die institutionellen und strukturellen Bedingungen ihrer Arbeit? Um diese Frage geht es in den beiden folgenden Kapiteln.

Kapitel 3 ist sehr kurz. Es bereitet einen Szenenwechsel vor, lädt ein zum Innehalten und Beiseitetreten – der vielleicht wichtigste erste Schritt, der aus der *strukturellen Verantwortungslosigkeit* führen könnte.

Kapitel 4 schließlich versucht ein wenig zu klären, was *strukturelle Verantwortung der Pädagogik heute* heißen könnte. Es geht um *Erziehung zur Mündigkeit* und um *mündige Erziehung*, um das Recht und die Pflicht zu *beruflichem Ungehorsam und Widerstand* und darum, ob pädagogische Verantwortung und strukturelle Verantwortlichkeit getrennt werden können – ein Beitrag zu einer sehr alten, gleichwohl aktuell notwendigen Debatte um die Grenzen der Pädagogik und die Möglichkeiten, diese zu verschieben.

Mein Dank geht an Ludwig von Friedeburg, der stets den zwingenden Zusammenhang von innerer und äußerer Schulreform betonte und mich zu diesem Büchlein ermuntert hat; an Roland Apsel, der mit seiner entschiedenen Kritik für Überarbeitung und Verbesserung sorgte; an Angelika Bergmiller und Mechthild von Freyberg, die diesen Text aufmerksam gegengelesen haben; an meine Tochter Lisa Wolff für kritische Kommentare und gute Anregungen; und vor allem an meine Frau, Angelika Wolff, für die enge und intensive Zusammenarbeit, die im Laufe der Jahre eine geistige »Gütertrennung« in diesem gemeinsamen Forschungsgebiet fast unmöglich gemacht hat.

Kapitel 1
Pädagogik an ihren Grenzen: zur Kritik des Ressourcen-Ansatzes[2]

(zusammen mit Angelika Wolff)

Resilienzforschung und Ressourcenorientierung

Vor ein paar Jahren wussten nur Insider mit dem Begriff *Resilienz* etwas anzufangen. Heute finden sich bei *Google* fast tausend Eintragungen. Und wem das nicht reicht, der wird auf Begriffe wie: *Resilienzforschung, Resilienzfaktoren, Salutogenese und Vulnerabilität* weiter verwiesen. Fachtage von Sonder- und Sozialpädagogen widmen sich diesem Begriff. Ein neuer Stern ist am Himmel der Pädagogik aufgegangen. Bei soviel Begeisterung mag ein wenig Unbehagen angebracht sein. Dass ausgerechnet die sonder- und sozialpädagogische Theorie und Praxis sich an Fragestellung und Befunden der Resilienzforschung orientieren sollte, ist so selbstverständlich nicht angesichts der zentralen Problematik blockierter und missglückter

---

2 Dieses Kapitel geht zurück auf einen Vortrag vom 14.03.2008 auf der Fachtagung des Zentrums für Erziehungshilfe (zfe) der Stadt Frankfurt am Main zum Thema *Resilienz.* Siehe auch: Thomas von Freyberg/Angelika Wolff 2008: 31-44.

Entwicklungsprozesse, mit der sich diese Professionen auseinandersetzen müssen. Denn die Untersuchung seelischer Resilienz ist ursprünglich eng verbunden mit der Traumaforschung. Resilienz meint hier jene Widerstandskraft und Widerstandsfähigkeit, die schwer Traumatisierte – beispielsweise Opfer von Folterung – befähigen, nicht nur das Trauma zu überleben, sondern sich dabei auch noch ein relatives Maß von seelischer Gesundheit und Stabilität zu erhalten. Dem Konzept der Resilienz lag also die Frage zugrunde, welche Faktoren bei einem Menschen dafür verantwortlich sind, dass er – im Unterschied zu vielen anderen Menschen in gleicher Lage und mit gleichen Erfahrungen – ein schweres seelisches Trauma verarbeiten kann, ohne dass schwerwiegende seelische oder körperliche Folgen zurückbleiben.

Schwer verhaltensgestörte Kinder und Jugendliche haben mit hoher Wahrscheinlichkeit in frühester Kindheit schwere »Verletzungen« erlitten. Von Traumata im engen Sinn jedoch wird man nur ausnahmsweise sprechen können. Deshalb wird in diesem Zusammenhang häufig ein abgewandelter Begriff von Trauma verwendet, der einer *kumulativen Traumatisierung.*[3] Vielleicht wäre es angemessener, auf den Begriff Trauma hier ganz zu verzichten – schon wegen seiner zunehmenden Inflationierung – und eher von schwerer und kontinuierlicher Vernachlässigung oder Verwahrlosung dieser Kinder zu reden.

Ein Trauma ist nach psychoanalytischem Verständnis dadurch gekennzeichnet, dass es von außen mit ungeheurer Gewalt über einen Menschen hereinbricht, den psychischen Reizschutz durchbricht und sich einer inneren Verarbeitung entzieht. In der traumatischen Situation wird

---

[3] Vgl. Masud R. Khan 1963: 50-70.

das gute Objekt im Inneren zerstört; Resilienz ist dann die Fähigkeit des Ich, dieses gute innere Objekt wieder aufzubauen, das Erlebte als einmaligen Einbruch von außen zu relativieren und ihm somit seine traumatische Wirkung zu entziehen.

Eine chronische Vernachlässigung oder Verwahrlosung schon im frühesten Kindesalter dagegen lässt es gar nicht erst dazu kommen, dass ein bedeutsames gutes Objekt im Inneren[4] aufgebaut werden kann. Entsprechend schwach ist dann auch die Resilienz ausgeprägt. Schon kleine verletzende Erfahrungen, die andere Kinder relativ schnell verarbeiten, können chronisch vernachlässigte und verwahrloste Kinder hoffnungslos überfordern. Sie haben kein genügend starkes und gutes, sondern eher ein hochambivalentes, stetig bedrohtes und fraglich gutes inneres Objekt.

Erschwerend kommt hinzu: Die oft befremdlichen und schwer zu ertragenden Verhaltensweisen dieser schwierigen Kinder und Jugendlichen sind nicht einfach als »Ausdruck« einer mangelhaft ausgebildeten Resilienz zu verstehen. Sie sind wesentlich Abwehr- und Schutzstrategien. Diese schwierigen Kinder und Jugendlichen haben sich in ihrer frühen Kindheit gegen erfahrene Missach-

---

4 Mit dem »guten Objekt im Inneren« sind die Repräsentanzen der frühkindlichen Erfahrungen mit einem bedürfnisbefriedigenden, haltenden, beschützenden Objekt (ursprünglich meist die Mutter oder der Vater) gemeint. Dieses gute innere Objekt wird innerpsychisch im Laufe der subjektiven Verarbeitung der Beziehungserfahrungen des Kindes gebildet und ist die Basis für »Urvertrauen«. Über die Bedeutung des guten Objekts im Innern für die seelische »Schulreife«: siehe Thomas von Freyberg/Angelika Wolff 2006: 156ff. Dazu weiter: Joseph Sandler/Anne-Marie Sandler 1999.

tung, Misshandlung, Bedrohung und Verletzung durch Strategien der Angstabwehr ihr seelisches und körperliches Überleben sichern müssen. Diese Überlebensstrategien sind geprägt von zwanghafter Vermeidung und Wiederholung und binden einen Großteil der seelischen Ressourcen zu ihrer Aufrechterhaltung. Dass diese Kinder und Jugendlichen gleichwohl über Restbestände von Resilienz – besser: eines inneren guten Objekts – verfügen, ist die Hoffnung aller, die mit ihnen arbeiten müssen; und ist die Chance überhaupt dafür, dass eine solche Arbeit angenommen werden kann.

Was ist es also, das die Befunde der Resilienzforschung heute so attraktiv für die sonder- und sozialpädagogische Debatte und Praxis macht? Einige mögliche Antworten bieten sich an.

Eine *erste* Antwort liegt auf der Hand: Schon ein flüchtiger Blick in die mittlerweile umfangreiche Literatur vermittelt das untrügliche Gefühl, dass, wenn auch nicht der Begriff der Resilienz, so doch die Sache, für die er steht, weitgehend vertraut ist.[5] Dies gilt zumindest für den Transfer des *Konzepts der Resilienz* und der *Salutogenese* in die pädagogische, insbesondere in die sonderpädagogische und sozialpädagogische Debatte. Die Liste der Merkmale, über die – nach zahlreichen empirischen Untersuchungen – resiliente Kinder verfügen sollen, findet sich seit Jahren mehr oder weniger vollständig in zahllosen Projekt- und Modellanträgen im Bereich der Erziehungshilfen und der Hilfen zur Erziehung als *pädagogische Zielbestimmungen* und als ein fester Bestandteil der pädagogischen Fachsprache:

---

5 Ich werde mich im Folgenden auf lediglich zwei überschaubare Texte beziehen: Corina Wustmann 2008. Margit Theis-Scholz 2007: 265-273.

> Die Kinder und Jugendlichen sollen »Problemlösungsfähigkeiten« einüben, eine »hohe Sozialkompetenz (Kontaktfähigkeit, soziale Perspektivenübernahme und Empathie)« entwickeln, über die »Fähigkeit der Selbstregulation« und ein »aktives und flexibles Bewältigungsverhalten (z. B. sich aktiv Hilfe zu holen oder sich von einer dysfunktionalen Familiensituation innerlich zu distanzieren)« verfügen; kurz: Ihnen sollen eine »optimistische, zuversichtliche Lebenseinstellung«, eine »internale Kontrollüberzeugung und ein realistischer Attribuierungsstil« vermittelt werden; und selbstverständlich dürfen bei all dem »ein hohes Selbstwertgefühl sowie Selbstvertrauen in die eigenen Fähigkeiten und Selbstwirksamkeitsüberzeugungen« nicht vernachlässigt werden.[6]

Nun sind das ja ohne Zweifel alles ehrenwerte pädagogische Ziele. Und die Tatsache, dass keine Reformdebatte der letzten 150 Jahre es versäumt hat, in ihrer je zeitspezifischen Fachsprache eben diese Ziele zu formulieren, macht es noch nicht falsch, dass dies auch im 21. Jahrhundert wieder geschieht. Und wenn es der x-ten Wiederentdeckung alter Wahrheiten dient, warum nicht modisch geschmückt mit dem bunten Schleifchen einer neuen wissenschaftlichen Teildisziplin, eben der *Resilienzforschung*?[7] Das also könnte eine erste Antwort sein.

---

6 Nach Corina Wustmann 2008.

7 Offensichtlich muss eine Zeit, in der nur das Neue gilt und das Alte schlicht nicht mehr zur Kenntnis genommen wird, so verfahren; vor allem dann, wenn das Alte das Neue zu sehr in seinen Schatten zu stellen droht. Aber, ein ärgerlicher Stachel bleibt, wenn großspurig die so wichtigen und so neuen Ergebnisse des Konzepts der Resilienz und der Salutogenese für die sonderpädagogische Förderung entfaltet werden – und man auch bei bestem Willen nur lauter alte Hüte findet. Wohlgemerkt: gute alte Hüte, passend und noch gar nicht getragen!

Eine *zweite* Antwort liegt nicht minder nahe und verweist auf einen wichtigen, gleichwohl recht trivialen Zusammenhang in der Arbeit mit schwierigen Kindern und Jugendlichen: Allen erzieherischen, sozialpädagogischen, aber auch psychotherapeutischen Bemühungen geht es letztlich darum, die gesunden Anteile, also die Resilienz, ihrer Klientel zu stärken; und dabei muss ein Minimum an Resilienz vorausgesetzt werden können. Psychoanalytisch gesagt: die positiv-libidinösen Tendenzen müssen zumindest ein wenig stärker sein als die negativ-destruktiven. Denn immer geht es zunächst und vor allem darum, vertrauensvolle und halbwegs belastbare Arbeitsbündnisse mit diesen schwierigen und gestörten Kindern und Jugendlichen zu schließen. Das aber ist ohne Rekurs auf Resilienz und Anerkennung vorhandener Kompetenzen und Ressourcen gar nicht möglich. Um angemessen mit dieser professionellen Notwendigkeit umgehen zu können, bedarf es sicher eines guten Gespürs, vielleicht auch diagnostisch begründeter Annahmen über die Resilienz des jeweiligen Kindes oder Jugendlichen. Aber: Wenig oder nicht resiliente Kinder oder Jugendliche werden nicht einmal im Ansatz verstanden, wenn lediglich ihre Resilienz erfasst ist und nur auf diese gebaut wird. Auch eine noch so umfassende Einsicht in die Resilienzpotentiale und -defizite, die diese Kinder und Jugendlichen haben mögen, wird wenig dazu beitragen, ihre Probleme und Schwierigkeiten, ihre Verhaltensstörungen und deren subjektiven Sinn zu entschlüsseln. Wer diese Kinder und Jugendlichen verstehen will, muss ihre Störung verstehen! Wer ihnen helfen will, muss eine angemessene Antwort auf ihre Störung finden. Die – wie immer schwach und defizitär entwickelte – Resilienz dieser Kinder und Jugendlichen ist ein unverzichtbarer innerer Bündnisgenosse; der

Schlüssel aber zum adäquaten Verständnis und zur angemessenen Arbeit liegt nicht hier, sondern vielmehr in der Analyse und Bearbeitung der seelischen Verletzungen und Konflikte, die hinter den Verhaltensstörungen sich verbergen und die resilienten Fähigkeiten zurückdrängen.

Eine *dritte* Antwort drängt sich auf und ist weniger harmlos: Die Frage, wie diese schwierigen Kinder und Jugendlichen zu verstehen, wie mit ihnen zu arbeiten ist, wird in der sozial- und sonderpädagogische Debatte häufig mit dem so genannte *Ressourcen-Ansatz* beantwortet. Auf der theoretisch-konzeptionellen Ebene unterstellt er, dass die Kinder und Jugendlichen sowie ihre Familien »im Prinzip« über jene Ressourcen verfügen, die sie für ihre gute Entwicklung benötigen. Auf der pragmatisch-pädagogischen Ebene verbindet sich dieser Ansatz nicht selten mit einer behavioristischen Konzeption des Verhaltenstrainings nach dem Prinzip einer positiven Verstärkung der vorhandenen Ressourcen. Die Attraktivität der Fragestellung und der Befunde der Resilienzforschung für die Sozial- und Sonderpädagogik könnte hier ihre Erklärung finden: Es ist die Nähe und Anschlussfähigkeit an die zentrale professionelle Ideologie dieser Disziplinen – den *Ressourcen-Ansatz.* Dass es diese Nähe und Anschlussfähigkeit geben möge, wird geradezu beschworen:

> »Die Perspektive« der Resilienzforschung sei, so heißt es, »nicht defizitorientiert, sondern man orientiert sich vielmehr an den Ressourcen und Stärken jedes einzelnen Kindes«. Das Resilienzparadigma beinhalte »in besonderem Maße die Sichtweise vom Kind als aktivem »Bewältiger« und Mitgestalter seines eigenen Lebens«.[8] Und an anderer Stelle wird betont, »das Konzept der Resilienz stelle korrespondierend

[8] Corina Wustmann 2008.

> mit dem Paradigmenwechsel in der Sonderpädagogik die Ressourcenorientierung vor die Defizitorientierung. Mit der Veränderung der Fragerichtung – nicht danach, was Kinder in sozioökonomischen und benachteiligten Lebenslagen beeinträchtigt, sondern danach, was sie schützt, werde eine ausschließliche Fixierung auf pathogene Faktoren überwunden; im Vordergrund stehe nicht mehr, was die Entwicklung beeinträchtigt, sondern welche Faktoren begünstigend wirken. Für Pädagogen, die mit Schülern mit »erschwerten Lernausgangslagen arbeiten«, liege »in dieser Perspektivenkorrektur ein nicht zu unterschätzender Nutzen, weil pädagogische Erfolge als prinzipiell möglich begriffen werden und die pädagogische Aufgabe des Lehrers primär in der Diagnose und Förderung von Ressourcen und nicht vorrangig in der Identifikation von Defiziten gesehen« werde.[9]

Durchaus triftigen Grund zum Misstrauen bietet die hier – und nicht nur hier – angebotene Alternative von *Ressourcenorientierung* oder *Defizitorientierung.* Diese Perspektiven gegeneinander auszuspielen hat, wie zu zeigen sein wird, fatale Folgen; und die Rede von einem *Paradigmenwechsel* von der einen zur anderen Orientierung kommt aufgeblasenem, gleichwohl folgenreichem Unfug recht nahe. Denn, um es vorweg zu sagen, hier gibt es kein *Entweder-Oder,* sondern nur ein – überaus problematisches – *Sowohl-als-Auch:*

Sowohl: Grundsätzlich gilt, wie gesagt, dass Arbeitsbündnisse mit schwierigen Kindern und Jugendlichen nur auf der Grundlage positiver, gesunder Ressourcen geschlossen werden können, mögen diese Ressourcen zunächst auch noch so schwach und unzuverlässig sein. Keine pädagogische oder therapeutische Arbeit ist möglich ohne diesen Rückgriff auf positive Ressourcen, also

9 Margit Theis-Scholz 2007: 267, 272.

auf Bestände der Resilienz. Deswegen müssen Fallverstehen und Fallbearbeitung sich immer auch mit der Frage beschäftigen, an welche inneren Ressourcen angeknüpft, welche subjektiven Bestände von Resilienz mobilisiert und gefördert werden können.

Als auch: Kinder und Jugendliche werden zu Klienten sonderpädagogischer Hilfe und Förderung nicht, weil sie über Ressourcen und ein gewisses Maß an Resilienz verfügen, sondern weil sie in relevanten Dimensionen ihrer Entwicklung mehr oder weniger schwere Defizite aufweisen. Deswegen müssen Fallverstehen und Fallbearbeitung sich ganz wesentlich mit diesen Defiziten auseinandersetzen; nur wegen dieser Defizite wird sonderpädagogische Arbeit gewährt und finanziert; und an der erfolgreichen Bearbeitung dieser Defizite wird schließlich auch der Erfolg der Arbeit »gemessen«.

Problematisch aber wird das *Sowohl-als-Auch* dadurch, dass der genaue und psychoanalytisch aufgeklärte Blick auf die Problemlagen dieser Kinder und Jugendlichen den umgangssprachlichen Begriff des Defizits obsolet werden lässt: Die schweren Verhaltensstörungen, mit denen diese Kinder belastet sind und ihre Erwachsenen belasten, sind aus dieser Sicht Schutz- und Abwehrstrategien, die in frühem Kindesalter gegen seelische Verletzung, kumulative Traumatisierung, Vernachlässigung und Verwahrlosung entwickelt wurden. Dafür haben diese Kinder einen Großteil ihrer psychischen Ressourcen verwendet; und zur Aufrechterhaltung gegen alle Angriffe von außen setzen sie auch weiterhin ihre Ressourcen ein. Der – nicht selten erbitterte und existentiell geführte – Widerstand, auf den die Professionellen in ihrer Arbeit stoßen, wird, um im Bild zu bleiben, zum großen Teil nicht von den Defiziten, sondern von den Ressourcen dieser schwierigen Kinder und Jugendlichen unbewusst organisiert: gleichsam zum Schutz ihrer unerträglichen Defizite.[10] Und weil dem so ist, wäre das *Sowohl-als-Auch* mit guten Gründen durch ein *Weder-Noch* zu ersetzen: Weder eine Ressourcenorientierung noch eine Defizitorientierung kann der komplexen Psychodynamik von Wiederholungs- und Vermeidungszwängen gerecht werden.

Ein Verdacht liegt nahe: Die Situation der Sonder- und Sozialpädagogik ist ja vor allem dadurch charakterisiert, dass ihre Professionellen mit Kindern und Jugendlichen zu arbeiten haben, die über ein extrem geringes Maß an Resilienz verfügen und die aus Familienverhältnissen kommen, in denen pathogene Faktoren überwiegen und salutogene Faktoren nur in geringem Ausmaß vorhanden sind. Sollte die Verknüpfung von Resilienz-Forschung und Ressourcen-Ansatz vielleicht dazu dienen, die höchst schwierigen und nicht selten aussichtslosen Probleme der pädagogischen Arbeit in diesem Feld zu schönen, die unvermeidbaren Konflikte zu verharmlosen, die gravierenden Abhängigkeiten zu leugnen? Ein reichlich befremdliches Bild aus der Resilienzdebatte nährt diesen Verdacht: Das

[10] André Green 2000: 39: »Für Freud stand nämlich außer Zweifel, dass der psychische Apparat selbst dem schlimmsten Unglück, dem er ausgesetzt wäre, nicht ohne Ressourcen gegenüberstünde. Die Psyche würde auch dann noch Mittel und Wege finden, das Trauma – gleich welcher Art – umzuformen und zu integrieren, indem etwa selbst schmerzhafteste Ereignisse erotisiert würden. Gegen Ende seines Lebens kam er darüber hinaus zu der Gewissheit, es sei unmöglich, unter den frühesten Ereignissen des Seelenlebens, die die gesamte weitere Entwicklung prägten, Trauma und Abwehrreaktionen gegen das Trauma von einander zu unterscheiden, da sich letztere zum größten Teil mit kindlichen Omnipotenzvorstellungen verbänden.«

resiliente Kind sei einem *Stehaufmännchen* vergleichbar: Auch schwere Verletzungen und Belastungen überstehe es, stets richte es sich wieder auf, unversehrt, unverletzt und – ja – unverändert. Ein eher gruseliges Bild, bei dem man sich fragt, wie so etwas zum utopischen Konzept einer humanen Pädagogik geraten kann: das Stehaufmännchen! Oder soll hier normativ legitimiert werden, was der Pädagogik zu verändern nicht gelingt? Schließlich scheinen noch am ehesten die schwierigen Kinder und Jugendlichen, mit denen die Sonderpädagogik zu tun hat, jenen Stehaufmännchen ähnlich: Kein Anstoß, keine Hilfe, keine Förderung und keine Strafandrohung kann sie ernsthaft erschüttern. Sie provozieren Konflikte, manövrieren sich in Katastrophen, erleben eine Niederlage nach der anderen – und immer wieder stehen sie auf: unverändert, resistent gegen Erfahrung und Entwicklung.[11]

---

[11] Eine Parallele bietet sich an. Sie wird uns noch beschäftigen und sei nur angedeutet: Diese Kinder und Jugendlichen stoßen auf ein schwieriges, wenig resilienzförderliches Schulsystem, von dem die Sonderpädagogik ein Teil ist. Dies System, innerhalb dessen die Professionellen arbeiten müssen, gleicht auf seine Weise ebenfalls einem Stehaufmännchen: Kein Reformkonzept, keine Reformbewegung und kein PISA-Schock kann es ernsthaft erschüttern. Es provoziert Konflikte, manövriert sich in hilflose Macht-Ohnmacht-Spiralen, erstickt Neugier und Lust am Lehren und Lernen und erlebt ein Scheitern nach dem anderen – und immer wieder stellt es sich auf: unverändert, resistent gegen Erfahrung und Entwicklung.

Weniger als halbe Wahrheiten

Wo der Ressourcen-Ansatz gegen eine Defizit-Orientierung ausgespielt wird, liegt die Vermutung nahe, dass es sich dabei um eine berufliche Selbsttäuschung, also um eine professionelle Illusion handelt – und dies in doppeltem Sinn: Mit Hilfe des Ressourcen-Ansatzes täuschen sich die Professionellen im sonder- und sozialpädagogischen Feld *zum einen* über ihre eigenen Kompetenzen, Fähigkeiten und Ressourcen; und *zum anderen* über die Kompetenzen, Fähigkeiten und Ressourcen derer, mit denen sie Arbeitsbündnisse eingehen müssen. Diese Selbsttäuschung ist leider auch noch mit einer gehörigen Portion Realitätsverleugnung verbunden.

Ein kleines Gedankenexperiment soll diesen letzten Punkt verdeutlichen: Zunächst wird als *These* – ein wenig grob und exemplarisch – der *individuelle Ressourcen-Ansatz* skizziert; und gleich anschließend als *Antithese* die *individuelle Defizit-Orientierung.* Und alle Leser, die in diesem Feld arbeiten, mögen *These* und *Antithese* mit ihren konkreten beruflichen Erfahrungen im Umgang mit schwierigen Kindern und Jugendlichen und deren Familien konfrontieren. Die Ausgangsthese stammt übrigens aus einem Konzeptpapier einer kleinen Schule für Erziehungshilfe in privater Trägerschaft.

Die These: der individuelle Ressourcen-Ansatz

> Der Einstieg in die Intensivphase beginnt zunächst in der Familie. Sie nutzt die häufig vorhandene Bereitschaft von Familien zur Veränderung durch die Aufnahmeentscheidung

> unmittelbar. Die Intensivphase soll alle Beteiligten (Eltern, Lehrer, Schule für Erziehungshilfe) in die Lage versetzen, qualifizierte und tragfähige Entscheidungen zu treffen. Ziele, konkrete Maßnahmen und Zeitabläufe münden in einen Kontrakt als Grundlage für den weiteren Hilfeprozess. Als entscheidender Baustein im Hilfeprozess knüpft die Intensivphase an den Ressourcen der Familie an und macht die Maßnahme zu einem Projekt der Familie. Wir gehen davon aus, dass Familien mit ihren »Problemkindern« grundsätzlich einen Wunsch nach Veränderung verspüren, sich aufgrund ihrer bisher gemachten Erfahrungen aber als ohnmächtig und dem »Schicksal« ausgeliefert empfinden. Umso wichtiger ist es daher, in einem dialogischen Prozess diese Familien ihre eigenen Fähigkeiten wieder entdecken zu lassen. … Ein Schlüssel für einen erfolgreichen Zugang zu den Kindern ist das Herausarbeiten ihrer individuellen Stärken.

Ohne Zweifel verdient der Ressourcen-Ansatz fachliche und politische Sympathie: Er wendet sich entschieden gegen die Perspektive der traditionellen Fürsorge mit ihren kontrollierenden, repressiven, unterwerfenden Dimensionen, gegen eine schwarze Pädagogik, die bedenkenlos ihre Entwicklungsziele den Zöglingen aufnötigt; gegen eine vordemokratische, obrigkeitsstaatliche Sichtweise, für die die Objekte von Erziehung und Fürsorge keine gleichberechtigten Kooperationspartner sind.[12] Dieser Ansatz will die Kette von negativen sozialen Zuschreibungen

---

[12] Und das ist dann auch der – ehrenwerte – historische Ort des Ressourcen-Ansatzes: die reflektierte Kritik im Namen einer Erziehung zur Mündigkeit und zum Widerstand gegen gesellschaftliche Herrschaftsverhältnisse. Dass auch dieser Teil einer vergangenen politischen Aufklärung in den Dienst der heutigen Gegenreformen und eines affirmativen pädagogischen Jargons gestellt und so missbraucht wird, gehört in die »Dialektik der Aufklärung« und wird uns noch beschäftigen.

und Vorurteilen zerreißen – und so pädagogischen Zugang ermöglichen zu den Diskriminierten und Stigmatisierten. Doch die Erfahrungen mit schwierigen Kindern, Jugendlichen und ihren Familien lassen den Ressourcenansatz immer wieder obsolet erscheinen. Sein Gegenpart, die Defizit-Orientierung, drängt sich in den Vordergrund.

Die Antithese: der individuelle Defizit-Ansatz

Der Einstieg in die Intensivphase beginnt zunächst in der Familie. Dabei kann keine ernsthafte und belastbare Bereitschaft von Familien zur Veränderung unterstellt werden. Diese Familien *haben* mit ihrem Kind ein Problem, sie erwarten wahrscheinlich, dass dieses Problem ihnen gelöst und beiseite geschafft wird, ohne dass sie sich wirklich ändern müssten. Deshalb wird es in der Intensivphase in der Regel nicht möglich sein, qualifizierte und tragfähige Entscheidungen zu treffen. Ziele, konkrete Maßnahmen und Zeitabläufe münden zwar in einen Kontrakt als Grundlage für den weiteren Hilfeprozess; doch weder die schwierigen Kinder noch ihre Familien sind in der Regel fähig, ihre Verpflichtungen einzuhalten. Da die Probleme der Kinder und ihrer Familien in den wirklich schwierigen Fällen unverzichtbare Strategien der Angstabwehr und fest im Familiensystem eingebaut sind, und da zum Schutz dieser Abwehrstrategien häufig nahezu alle individuellen Ressourcen eingesetzt und benötigt werden, führen die Bemühungen der Pädagogen, an den Ressourcen der Familie anzusetzen und die Maßnahme zu einem Projekt der Familie zu machen, nicht zu belastbaren Arbeitsbündnissen zum Zweck guter Entwicklungen, sondern eher zu vordergründigen Komplizenschaften, die Entwicklung unbewusst vermeiden sollen. Wir gehen davon aus, dass Familien mit ihren »Problemkindern« weitgehend Wiederholungszwängen folgen, ihr Abwehrsystem zu schützen versuchen und Veränderung verhindern müssen. Um sich nicht als ohnmächtig und dem »Schicksal« ausgeliefert empfinden zu müssen, haben sie Konfliktstrategien entwickelt, Angst, Hilflosigkeit und Ohnmachtgefühle bei *den Anderen*, beispielsweise bei ihren Lehrern, Sozialarbeitern oder Beratern zu bewirken. Die Familien schwieriger Kinder und Jugendlicher sind zunächst ein Teil des Problems, lange bevor sie zu einem Teil seiner Lösung werden können.

Das klingt diskriminierend, abwertend und elitär – und man wird schwerlich ein sozial- oder sonderpädagogisches Modellkonzept finden, das diese Sprache spricht. Aber so wird gedacht – und natürlich auch gesprochen, wenn man unter sich ist. Denn hier kommt die pädagogische Realität in diesem Feld zu Wort. Es ist die schwarze Realität der betroffenen Familien, die so hilflos macht, so deprimierend ist, die immer wieder siegt und an der man geradezu verzweifeln könnte. Gäbe es da nicht auch andere Erfahrungen oder Sichtweisen und: einen Ressourcen-Ansatz, der immer wieder geeignet scheint, Mut zu machen!

Es liegt zwar die Frage nahe, welche dieser beiden Orientierungen oder Sichtweisen richtig, welche falsch ist, aber eine andere, differenzierende Frage dürfte sinnvoller sein: Wo sind die spezifischen Orte oder Zeiten der beruflichen Arbeit für diese oder jene Perspektive? Zu vermuten ist, dass alle, die mit schwierigen Kindern und Jugendlichen arbeiten, für beide Varianten Erfahrungen und empirische Argumente ins Feld führen können. Ja, durchaus wahrscheinlich ist es und unsere Falluntersuchungen nicht beschulbarer Jugendlicher[13] haben dies gezeigt, dass in jeder Konfliktgeschichte schwieriger Kinder und Jugendlicher mit ihren Professionellen unterschiedliche Arbeitsphasen

13 Thomas von Freyberg/Angelika Wolff 2005.

zu identifizieren sind, die eher der einen oder eher der anderen jener beiden Varianten Vorrang geben. Vieles spricht also dafür, dass es die Dynamik der Konflikte und ihrer Bearbeitung selber ist, die die Dynamik der Perspektive auf die schwierigen Kinder und Jugendlichen wie auf ihre Familien bedingt. Kurz: Beide, Ressourcen-Orientierung und Defizit-Orientierung, haben ihren spezifischen Ort in der Dynamik der pädagogischen Beziehung.[14]

Von schönen Anfängen und deprimierenden Enden

Wo falsche Eindeutigkeiten und fiktive Klarheiten vorherrschen, mag eine herzhafte Begriffsverwirrung weiterhelfen. Von den Defiziten des Ressourcen-Ansatzes und den Ressourcen der Defizit-Orientierung also ist zu reden. Und wenn niemand mehr so recht weißt, was *Ressourcen* und was *Defizite* sind, dann sind diese Überlegungen möglicherweise der Realität näher gekommen – der Realität der schwierigen Kinder und Jugendlichen sowie deren schwierigen Familien.[15] Einige Beobachtungen aus unserer empirischen Untersuchung von *Konfliktgeschichten nicht beschulbarer Jugendlicher mit Schule und Jugendhilfe* sollen weiterhelfen. In unseren Falluntersuchungen zeigte sich

---

14 Erst die Lösung der Ressourcen-Orientierung aus ihrem spezifischen Kontext und ihre Verabsolutierung zum Ressorcen-Ansatz macht sie zur Berufsideologie.

15 … und der Realität der schwierigen Professionellen und ihrer schwierigen Institutionen – doch darüber später.

bei den pädagogischen Konflikten ein durchgängiges Verlaufsschema – man kann auch von einem Konfliktmuster sprechen: Am Anfang, besser: an den Anfängen steht die Hoffnung, jetzt könne es eine Wende geben. Es blüht die »*goldene Phantasie*«[16] und mit ihr die Ressourcen-Orientierung auf. Aber früher oder später tauchen stets die alten Schwierigkeiten und Probleme wieder auf, die Konflikte eskalieren, die Hoffnung auf Neuanfang zerbricht, die *goldene Phantasie* schlägt um in Wut und Enttäuschung – und hier gerät die Ressourcen-Orientierung in die Krise und die Defizit-Orientierung drängt sich geradezu auf.

Die Dynamik zwischen Beginn und Abbruch in der Arbeit mit schwierigen Kindern und Jugendlichen prägt wesentlich die beruflichen Erfahrungen von Aufstieg und Fall der Ressourcen-Orientierung. Unsere Untersuchung hat deutlich gemacht, dass diese Dynamik der sich wiederholenden *Macht-Ohnmacht-Spiralen* nur begriffen werden kann als Konfliktdynamik von unbewussten Prozessen der *Übertragung und Gegenübertragung* in den Beziehungen zwischen den schwierigen Jugendlichen und ihren Professionellen. Dies ist an anderer Stelle ausführlich beschrieben[17] worden.

Exkurs: Übertragung und Gegenübertragung – unbewusste Vorgänge

Übertragung und *Gegenübertragung* sind Fachbegriffe, die aus der Analyse der psychoanalytischen Begegnung gewonnen wurden. Als zentrale Kategorien der psycho-

---

16 Vgl. Yecheskiel Cohen 2004: 51-65.

17 Zum Folgenden: Thomas von Freyberg/Angelika Wolff 2006: 26-40; 152-167.

analytischen Methode stehen sie für Vorgänge, die sich im Grunde in allen zwischenmenschlichen Begegnungen auffinden lassen: Innere, ursprünglich durch die subjektive Verarbeitung der realen frühkindlichen Erfahrung mit den primären Objekten, meist Mutter und Vater, gebildete, verinnerlichte Beziehungsmuster werden auf andere Personen, in neue Beziehungen *übertragen* und mit *Gegenübertragung* beantwortet. Übertragungen kommen besonders dann zum Zug, wenn das Gegenüber unbekannt, ein sozusagen »unbeschriebenes Blatt« ist, das dem Subjekt gegenüber lediglich eine »Ausstrahlung« hat, die unwillkürlich zum vorläufigen Beschriften mit dessen dazu passend erscheinenden Erfahrungen und Phantasien – eben von Übertragungen – einlädt. Ebenso »unwillkürlich« entsteht die Gegenübertragung: Sie ist die gleichsam automatisch erfolgende, gefühlsmäßige Reaktion des Objekts auf die Übertragung. In ihr verknüpft das Objekt die erspürten – übertragenen – Wünsche, Vorbehalte oder Ängste, aber auch die erahnten Erwartungen seines Gegenübers wiederum mit seinen dazu passenden eigenen subjektiven Selbst- und Objekterfahrungen und den zugehörigen Gefühlen und Affekten einschließlich deren Abwehr. Gemeinsam ist beiden Vorgängen, Übertragung *und* Gegenübertragung, dass sie unbewusst erfolgen und dass sie normalerweise im Verlauf einer sich entwickelnden Beziehung durch neue reale Beziehungserfahrungen überlagert und verändert werden.

Anders ist dies bei Übertragungsvorgängen von psychisch belasteten oder erkrankten Personen, die aus verschiedenen Gründen innerlich sozusagen festhängen: Sie tragen ihre konflikthaften und als mangelhaft erlebten primären Beziehungserfahrungen aus der frühen Kindheit insbesondere an solche Objekte heran, die auf irgendeine

Weise elterlichen Charakter repräsentieren – sei es in dem Bedürfnis, Gleiches wiederzufinden und auf der Suche nach innerer Stabilität eine kohärente, wenngleich vielleicht negative, Erfahrung zu machen, sei es in dem Wunsch, endlich eine andere Antwort, Befriedigung oder Lösung zu finden. Im Rahmen psychoanalytischer Therapien stehen solche unbewussten Übertragungs- und Gegenübertragungsprozesse im Fokus der Arbeit, und das therapeutische Setting ist daraufhin angelegt, Übertragung und Gegenübertragung als Erkenntnisinstrument und für die Gestaltung der therapeutischen Beziehung nutzen zu können.

Was in der modernen Psychoanalyse als zentrales Erkenntnisinstrument dienen kann, muss in professionellen Kontexten mit anderen Aufgaben – vor allem im sozialen und pädagogischen Bereich – zu den besonderen Erschwernissen der Arbeit gezählt werden. Nicht selten nämlich sind in sozialen und pädagogischen Beziehungen intensive und äußerst belastende Übertragungen und entsprechend schwer zu handhabende Gegenübertragungen im Gange.

Dabei wird heutzutage im sozialpädagogischen Feld durchaus verbreitet von der Gegenübertragung professioneller Akteure gesprochen. Vor allem negative Gefühle gegenüber Klienten, die – besonders wenn es sich um Kinder oder Jugendliche handelt – bei den Vertretern von helfenden Berufen als verpönt gelten müssen, können wohl dann eher toleriert werden, wenn in einem oberflächlichen Verständnis von Gegenübertragung das offen negative Gefühl als *vom Anderen hervorgerufen* interpretiert werden kann. Ein eigener Beitrag zu diesem negativen Gefühl kann dann verborgen bleiben. Steht jedoch dieser zweifellos entlastende Aspekt im Vordergrund, so wird dadurch ein wirkliches Verständnis der Gegenübertragung eher behindert. Übersehen wird dann nämlich, dass auch die Gegenübertragung – und nicht nur die Übertragung – unbewusst verläuft.

Sicherlich können in professionellen Kontexten aufkommende, bewusst wahrgenommene Gefühle und Affekte aller Art auch als direkte Reaktion auf einen Klienten befragt und untersucht werden – und oft ist dies auch das bereitliegende Ende eines Fadens, der einen Zugang zum Knäuel von Verwicklungen eröffnet. Es ist aber immer davon auszugehen, dass es sich bei einer Gegenübertragung um ein komplexes Geschehen handelt, in das in der Regel mehrere Quellen einmünden: zum einen das vom Klienten Übertragene, zum anderen aber auch eigene konflikthafte (und möglicherweise abzuwehrende) Gefühlsanteile und nicht zuletzt Impulse und Aspekte, die latent durch den institutionellen Kontext entstehen oder gefördert werden. Und schließlich muss die Umsetzung dieser komplexen emotionalen Gefühlseinstimmung innerhalb des fortlaufenden professionellen Kontakts mit seinen permanenten Wechselwirkungen beachtet werden. Um es verkürzt anzudeuten: Wenn beispielsweise ein Klassenlehrer mit einem schwierigen Schüler alles in allem klar kommt und dessen destruktive Impulse rechtzeitig zu kappen versteht, der Musiklehrer aber an der Destruktivität dieses Schülers zu verzweifeln droht und in der Gegenübertragung nur Ablehnung und Hass empfindet, so wird man gut beraten sein, neben der genaueren Untersuchung der jeweiligen Vorgänge beim Klassen- wie beim Musiklehrer auch das Ganze als ein unbewusst zusammenspielendes System in den Blick zu nehmen.

Nun müssen persönliche Verwicklungen mit Klienten in professionellen Kontexten keineswegs immer durch offenkundige und heftige – positive oder negative – Gegenübertragungsreaktionen gekennzeichnet sein. Schließlich existiert ja ein genereller Anspruch an die professionellen Kontakte, dass sie sachbezogen und gerecht, also »ohne Ansehen der Person« in gebotener freundlicher Distanz zu handhaben sind. Doch gerade in den Bereichen von Schule und Jugendhilfe und im Umgang mit schwieriger Klientel sind die Grenzen bei der Umsetzung dieses demokratischen Anspruchs bekannt. Dabei sind es wohl eher die skandalträchtigen Fälle von persönlichen Verwicklungen und Gegenübertragungsreaktionen: Übergriffen oder Entgleisungen, die laut werden und öffentliche Debatten provozieren. Hinter solchen Extremfällen aber wird sich ein weites und hoch differenziertes Feld von unmerklichen, gleichwohl aber überaus folgenreichen Übertragungs- und Gegenübertragungsvorgängen erstrecken, die das professionelle Handeln oder Nichthandeln bestimmen: Eine nur schwer überschaubare Gemengelage von Motiven, von manifesten und latenten Zwängen und Interessen, von offenen und verborgenen Konflikten führt dann möglicherweise zu professionellen Entscheidungen, die auf den ersten Blick zwar durchaus schlüssig und sachgerecht erscheinen mögen, bei näherem Hinsehen sich aber eher als ein Mitspielen beispielsweise im Dienste der Verhinderung von Hilfe erweisen können. Die institutionellen Bedingungen über die gesetzlichen Bestimmungen hinaus – Arbeitsüberlastung, Begrenztheit notwendiger Maßnahmen, Begehrlichkeiten der Statistik, kulturelles Mikroklima, Verhältnis zu anderen Institutionen (zwischen Jugendhilfe und Schule z. B.) – spielen dabei zweifellos ihre nicht zu unterschätzende Rolle und wirken darüber hinaus zumeist latent auf die individuelle mentale Verfassung der Mitarbeiter ein, mit der diese dann auf ihre Klienten in der persönlichen Begegnung mit ihrer fallspezifischen Ausprägung reagieren.

Gesellschaftliche Institutionen strahlen immer auch ihre Anonymität, Autorität und Macht aus. Das gilt für die Schule ebenso wie für das Jugend- oder Sozialamt. Zwangsläufig wirken sie tendenziell verunsichernd und einschüchternd; und ebenso zwangsläufig färbt dies auf die Professionellen in diesen Institutionen ab. Die Übertragung von kindlichen Autoritätsbeziehungen mit deren Abhängigkeitswünschen und -aggressionen, Anerkennungs- und Selbstzweifeln liegt hier besonders nahe – so nahe wie die gegenteilige Übertragung: die einer Abwehr solcher kindlicher Autoritätsbeziehungen in der radikalen Verleugnung von Versagen und Hilfebedürftigkeit. Dass die Institutionen dem zuweilen gegenzusteuern versuchen, indem sie von »Kunden« sprechen und Hilfebedürftige lieber als Hilfe*suchende* bezeichnen, ändert an diesem Sachverhalt nichts; und auch wenn in Hilfeplangesprächen Verträge formal wie unter gleichberechtigten Partnern geschlossen werden, so verbrämt dies allenfalls die realen Machtverhältnisse und bekräftigt sie gleichzeitig auf latente Weise insofern, als Widerspruch von Seiten der Hilfebedürftigen sich in der Regel von selbst verbietet. Vielleicht ist es ja der wichtigste – und zugleich fragwürdigste – Sinn dieser Bemühungen: die realen Verhältnisse zwischen Institution und Klienten zu verschleiern und Konflikte im Vorfeld zu vermeiden. Die Verantwortung der Institution kann dadurch relativiert werden und eine kritische Reflexion der institutionellen Anteile an möglichen Konflikten überflüssig erscheinen. »Objektiv« liegen schließlich durchaus anerkennenswerte gute Gründe vor: Hilfesuchende sollen nicht entmündigt und ihre Eigeninitiative bzw. aktive Beteiligung soll gefördert und deshalb gefordert werden. Im konkreten Fall aber könnte es lediglich darum gehen, sich eine lange Phase schwieriger Arbeit zu ersparen, die notwendig wäre, um gemeinsam mit dem Hilfebedürftigen überhaupt erst wirkliche Einsicht in die Notwendigkeit einer Maßnahme – und damit eine hinreichend tragfähige Motivation – zu erarbeiten, bevor es zu einem Vertrag kommt. Mit diesem Dilemma zwischen ideologisch und zunehmend ökonomisch restringierten Arbeitsbedingungen in der Institution auf der einen Seite und den fachlich gebotenen und unter Umständen anders lautenden Erfordernissen im Einzelfall sind die Professionellen in ihren Sprechzimmern konfrontiert und angesichts wachsenden Arbeits- und Problemdrucks und fehlender Ressourcen schon an sich überfordert. Diese alltäglichen Diskrepanzen zwischen beruflicher Orientierung der »helfenden Berufe« und den eingeschränkten institutionellen Rahmenbedingungen dürften in besonderer Weise ausgeprägt sein, wenn es sich bei der Klientel um schwierige Kinder und Jugendliche mit zumeist hilflosen Eltern handelt, seien sie nun ohnmächtig, unfähig oder gewalttätig. Alles in allem mögen hiermit die objektiven Bedingungen für die Entstehung des Phänomens »hilfloser Helfer« umrissen sein.

Wie aber mag die Begegnung der so beschriebenen Professionellen in Schule und Jugendhilfe mit vom Scheitern bedrohten, psychisch schwer belasteten und dissozial reagierenden Jugendlichen aussehen, und welche Art von Gegenübertragung mag entstehen? Die Bandbreite der Möglichkeiten ist sicherlich nicht geringer als die individuelle Vielfalt der beteiligten Akteure, seien sie Helfer oder Klienten. An deren einem Ende befindet sich vielleicht die Gruppe hilfloser Helfer, die sich zum Selbstschutz an die institutionell vorgegebenen Rahmenbedingungen halten und ohne Ansehen der Person nach den Vorgaben vorgehen: Wer seinen Willen ausdrücklich erklärt, bekommt die nach den Vorschriften vorgesehene Chance; wer nicht will, trägt die Verantwortung selbst. Und am anderen Ende des Spektrums steht möglicherweise eine Gruppe von nicht weniger hilflosen Helfern, die sich im Einzelfall größte Mühe geben, die vielleicht gerade in demjenigen, der Hilfe verweigert, den Bedürftigen erkennen, und die im Kampf gegen dessen Widerstände sich selbst verzehren. Beide Gruppen – und auch die vielen dazwischen – müssen sich dabei keineswegs bewusst als hilflos erleben! Ihrem selbstverständlichen Anspruch nach handeln sie ja professionell – mehr oder weniger im vorgegebenen Rahmen der Institution und mehr oder weniger nach einem fachlich begründeten Konzept, das sie sich erworben haben, mit dem sie sich identifizieren und das sie vertreten können.

Dass sie bei ihrer Arbeit durch die Klienten manipulierbar sein könnten, dass unbewusste Anteile der eigenen Persönlichkeit bei fachlichen Entscheidungen mitspielen mögen, wird zwar als allgemein bekannt vielleicht gerade noch zugestanden. Im konkreten »Fall« aber bedrohen diese latenten Realitäten das professionelle Selbstverständnis und müssen deshalb in der Regel spontan abgewehrt werden. Diese Abwehr mag in vielen Bereichen nur milde Folgen haben, also durchaus akzeptabel sein. Jugendliche wie die unseres Projekts und ihre Familien lösen jedoch bei »ihren« Professionellen häufig unbewusste Gegenübertragungen mit weitreichenden Folgen aus.

Im Normalfall können auch schon Grundschulkinder persönliche Probleme, Ängste, Unsicherheiten und psychische Konflikte zum großen Teil mit sich selbst ausmachen und zeigen sie am ehesten zu Hause im geschützten Raum der intimen familiären Beziehungen; das Leben im öffentlichen Raum kann dann auch in Phasen äußerlich oder innerlich belastender Vorgänge einigermaßen vernünftig vonstatten gehen und aufkommende Konflikte alles in allem regelbar bleiben. Solche »normalen« Kinder oder Jugendlichen haben hinreichend gute Objektbeziehungen verinnerlicht, bei der trotz aller unvermeidlichen Konfliktträchtigkeit die positiven Bereiche die negativen wenigstens leicht überwiegen. Ihre Übertragungen auf Pädagogen, Sozialarbeiter und Lehrer sind daher in der Regel entsprechend milde, weil innerlich – und bei Bedarf auch real – zu Hause elterliche Objekte als schützende und regulierende Bezugspersonen zur Verfügung stehen. Pädagogen und Lehrer können dann als neue, dritte Objekte besetzt werden, die Zugang zu anderen als den begrenzten familialen Welten öffnen, Wissensdurst und Fertigkeiten fördern und insofern Unabhängigkeit und Selbstbewusstsein von einer anderen Warte aus stärken helfen. Die Übertragungen sind also im Ganzen überwiegend positiv; dies schließt eine gewisse Angstbereitschaft nicht aus, die die Schule und auch andere Institutionen im Übrigen zur Verhaltensregulierung und als Leistungsansporn auch benötigen und nutzen – in der Regel durchaus auch im Interesse der Kinder und Jugendlichen und ihrer schulischen und sozialen Entwicklung.

In unserem Forschungsprojekt nun hatten wir es mit Jugendlichen zu tun, bei denen ein begründeter Verdacht auf frühe Traumatisierungen bestand, die aus schwierigen Familien – meist mit Migrationshintergrund – kamen und deren Eltern ihnen nicht die äußere Zuwendung und Sicherheit hatten geben können, die sie gebraucht hätten, um die genannte hinreichend gute, schützende innere Objektbeziehung ausbilden zu können. Solche Kinder und Jugendlichen können nichts »mit sich selbst ausmachen«, und sie können auch nicht auf die Auseinandersetzung und Hilfe durch schützende und begrenzende Eltern zurückgreifen. Sie sind vielmehr in verunsichernden und irgendwie bedrohlichen Situationen unkalkulierbar archaischer Angst und Aggressivität ausgeliefert und zur Affekt- und Konfliktregulierung auf ein reales erwachsenes Objekt mit elterlichen Funktionen angewiesen. Entsprechend energisch sind ihre Übertragungen auf professionelle Bezugspersonen – Lehrer, Pädagogen, Sozialarbeiter. Diese Übertragungen können zunächst durchaus positiv, sogar idealisierend im Sinne einer »goldenen Phantasie« sein: so als hätten sie endlich ein gutes Objekt gefunden, das sie wahrnimmt, beschützt und verteidigt. Wenn diese »goldene Phantasie« bei dem Professionellen, an den sie sich heftet, innerlich »ankommt«, wird sie eine entsprechend positive Gegenübertragung auslösen. Doch es gehört zur Natur dieser geteilten »goldenen Phantasie«, dass sie auf Dauer von der einen Seite nicht aufrecht erhalten und von der anderen Seite nicht befriedigt werden kann. Über kurz oder lang werden Enttäuschungen unausweichlich sein, und heftige negative Übertragungen lösen die »goldene Phantasie« dann ab: Die ursprünglichen, enttäuschenden frühkindlichen Beziehungserfahrungen mit ihren destruktiven Potentialen breiten sich aus. Hier entstehen dann Beziehungsdynamiken mit heftigen negativen Gegenübertragungen, die durch die Professionellen selbst äußerst schwer zu ertragen und zu handhaben sind, weshalb sie in der Regel unbewusst verlaufen beziehungsweise abgewehrt werden müssen.

Die Mobilisierung seiner »goldenen Phantasie« durch ein psychisch schwer belastetes, zu kurz gekommenes, vielleicht sogar misshandeltes Kind ist von starker suggestiver Kraft und spricht im erwachsenen Gegenüber auf einer tiefen Ebene unmittelbar und unbewusst die dort verborgene eigene »goldene Phantasie« an: das frühkindliche Wunschbild eines omnipotenten elterlichen Objekts, das alles wieder gut machen könne und in dessen zugewandtem Blick das Kind sich spiegeln und dabei auch selbst als gut und potent erfahren kann. Jeder Erwachsene trägt dabei in der Tiefe natürlich auch die Erfahrung von Enttäuschungen an diesem idealisierten Objekt mit sich, hat sich als Kind selbst einmal als zu kurz gekommen erlebt und sich andere, bessere Eltern gewünscht. Die »goldene Phantasie« ist also verständlicherweise äußerst verführerisch; und wenn der Funke übergesprungen ist, kann zunächst eine intensive positive Gegenübertragung entstehen, bei der der Professionelle sich in das Kind oder den Jugendlichen einfühlt, sich mit dessen Zukurzgekommensein und berechtigten Wünschen identifiziert und gleichzeitig – in der Rolle des endlich besseren Objekts – mit dem Kind oder Jugendlichen projektiv auch sich selbst die Erfüllung seiner eigenen unbewussten »goldenen Phantasie« angedeihen lässt. Dass er dazu verführt und manipuliert worden ist, muss ihm nicht bewusst werden, er kann sich vielmehr als im professionellen Sinn einfach potent und gut erleben. Denn diese Beziehungsfigur lässt sich ohne weiteres auf die institutionelle Ebene verschieben, auf der es in der Wahrnehmung eines jeden Professionellen gute und unfähige Kollegen gibt; dies kommt der manipulativen Verführung wiederum entgegen. Solange aber dem Professionellen unbewusst bleibt, dass er die »goldene Phantasie« mit seinem Klienten teilt, kann er sich und das Kind oder den Jugendlichen nicht vor der unausweichlich folgenden Dynamik von Enttäuschung schützen. Wir haben deshalb an anderer Stelle vom »Mythos des Neuanfangs« gesprochen.

Es gehört zur idealisierten »goldenen« Objektbeziehung und wird von den Beteiligten automatisch erspürt, dass Negatives und damit möglichst jeglicher – in Wahrheit unausweichliche – Konflikt ausgespart bzw. nach außen projiziert werden muss; jeder noch so geringe Einbruch der Relativierung und Verzicht fordernden Realität droht nämlich leicht einem Erdrutsch gleich die Idealisierung in ihr Gegenteil zu verkehren. Im Zuge ihrer psychosozialen Entwicklung brauchen normalerweise Säuglinge und Kleinkinder eine lange Erfahrungsgeschichte mit ihren primären Beziehungen, in der sie in ausführlichem Vor und Zurück zwischen Wunsch und Realität die Grenzen des Objekts mit seinen eigenen Rechten und einer Identität, die die guten *und* die negativen Seiten umfasst, allmählich anerkennen können; und normalerweise wissen Eltern intuitiv, dass und wie sie dem Kind Zumutungen und Konflikte dosieren müssen, damit es das notwendige Sicherheitsgefühl entwickeln kann, um bei Frustrationen nicht in Panik geraten und wild werden zu müssen. »Unsere« Jugendlichen haben diese Möglichkeiten nicht in ausreichendem Maß erfahren; ihre psychische Entwicklung ist von Brüchen gekennzeichnet gewesen, die es ihnen nicht erlaubt haben, ein Urvertrauen zu entwickeln, demzufolge auch das fordernde und strafende Objekt dazu fähig und bereit sein wird, sich hinreichend einzufühlen, seine Angriffe oder Rückzüge zu begrenzen und auch wieder zum guten Objekt zu werden. Und dementsprechend haben diese Jugendlichen auch kein gutes Selbstwertgefühl entwickeln können. Bei jeder Anforderung, die ihr Vermögen zu übersteigen droht, und bei jeder Äußerung von Kritik und Unwillen wird dann das unerträgliche archaische Gefühl der Angst vor Scheitern, Versagen und Schuld wach, das in der Wahrnehmung des kleinen Kindes von damals das Objekt böse und verhasst gemacht hatte – verbunden mit aller dazugehörenden Angst, ausgeliefert zu sein oder fallen gelassen zu werden.

Was diese Kinder aber zu ihrem Selbstschutz in einem Übermaß haben entwickeln müssen, ist ein sensitives Erspüren der Schwachstellen des Objekts und dessen gefürchteter oder auch ersehnter Reaktionen; dies macht ihre Fähigkeiten zu manipulieren aus. Im Interesse, ein idealisiert gutes Objekt – und damit ihre »goldene Phantasie« – zu retten und zu erhalten, versuchen sie, zu täuschen, zu vertuschen oder beispielsweise mit Hilfe von Spaltungsvorgängen alles bedrohlich Negative nach außen zu projizieren oder bei einer anderen Person unterzubringen. In Institutionen gelingt es ihnen dann zeitweise durchaus, Konflikte im Team genau zu erspüren und von diesem unbemerkt für ihre Spaltungsmanöver zu nutzen.

Selbstverständlich kann es aber, mit welchen manipulativen Mitteln auch immer, nicht gelingen, ein noch so wohlmeinendes und überaus engagiertes Objekt auf Dauer vor Enttäuschungen zu bewahren; die »goldene Phantasie« wird niemals Bestand haben können. Zu den schon genannten Gründen kommt nämlich noch ein weiterer hinzu, und dieser kann erklären, weshalb die anfängliche und wechselseitige »goldene Phantasie« so oft zur Beziehungsfalle wird, aus der sich dann »Macht-Ohnmacht-Spiralen« entfalten. Bereits, wenn die »goldene Phantasie« noch in Blüte steht und der »Mythos des Neuanfangs« noch ein angenehmes dyadisches Miteinander und das Gefühl unterhält: »Endlich wird alles gut!« – oder in der Gegenübertragung formuliert: »Woran alle vor mir gescheitert sind: Ich habe den Zugang zu diesem Jugendlichen gefunden!«, schon in dieser Phase ist das Scheitern längst angebahnt. Denn jedes neue bessere Objekt in der anderen Welt der Institution, und sei es noch so dringend ersehnt, enthält für das Kind oder den Jugendlichen immer eine schwarze Seite: die ausgesprochene oder unausgesprochene vernichtende Kritik und Verurteilung seiner realen unzureichenden Eltern. Und diese von der »goldenen Phantasie« aktivierte Entwertung der realen Eltern geht von beiden Seiten aus, vom Selbst des Kindes oder Jugendlichen und vom Selbst des neuen »besseren« Objekts. Das Kind oder der Jugendliche wird aber immer das Kind seiner Eltern bleiben, von denen es in gewisser Weise »alles hat«, nicht zuletzt seine schlechten Seiten, seine Unbeherrschtheit und seine Unfähigkeiten; und seine Psyche ist durch seine frühen Identifizierungen mit den Eltern als den primären Objekten geprägt, und häufig in diesen Fällen gerade besonders stark durch Identifizierung mit dem mächtigen aggressiven Objekt. Denn auch die »schlechtesten«, misshandelnden Eltern sind und bleiben immer zugleich die primären Liebesobjekte. Ihre radikale Infragestellung, Verachtung oder gar Vernichtung bedroht deshalb im Kern auch das Selbst und kommt dessen drohender Vernichtung gleich. Real und vor allem emotional unterversorgte Kinder müssen sich auch aus diesem Grund von ihrer eigenen »goldenen Phantasie«, wenn diese sich an ein neues Objekt heftet und von diesem womöglich in starker Weise beantwortet wird, über kurz oder lang bedroht fühlen. Und nur wenn es gelingt, dass die Eltern nicht alles in allem als Versager und als die Schuldigen dastehen, sondern in ihrer wichtigen, bei allen Widrigkeiten im Grundsatz positiven Bedeutung für das Kind und sein psychisches Überleben anerkannt bleiben können, wird es überhaupt eine Chance haben, innerlich Verbindungen herstellen und an – möglicherweise noch so geringe – gute Erfahrungen von früher anknüpfen und diese verstärken zu können.

Dies zu leisten, stellt harte Anforderungen an die emotionale Beweglichkeit und die Reflexionsbereitschaft von Professionellen. Denn es verlangt, sich von einem verheißungsvollen und deshalb gerade in schwierigen Fällen mit unerträglichen Kindern und Jugendlichen rettenden Mechanismus immer wieder distanzieren zu können, der besagt: Du bist zwar ein unerträgliches Kind, aber du kannst ja nichts dafür, denn du bist nur deshalb so unerträglich, weil deine realen Eltern so schlecht waren und sind. Und ausgerechnet mit solchen »schlechten« Eltern, mit denen es am nötigsten wäre, gelingt es in der Regel kaum, ein Arbeitsbündnis herzustellen.

Nun wird man bei schwer gestörten Jugendlichen davon ausgehen können, dass sie auch mit ihren destruktiv wirkenden Wiederholungszwängen unbewusst immer noch einen Funken Hoffnung verbinden, reife und bessere Lösungswege entwickeln zu können. Dazu benötigen sie allerdings viel Zeit für kontinuierliche Objekterfahrungen. Und sie brauchen dazu Objekte, die bereit und fähig sind, sich auf das Übertragungsangebot der »goldenen Phantasie« einzulassen, ohne sich vom »Mythos des Neuanfangs« blenden und zur eigenen unbewussten Idealisierung verführen zu lassen; konstante Objekte, die den unvermeidlichen Niedergang der »goldenen Phantasie« aushalten können; die sich nicht zur Gegenreaktion: dem radikalen resignierten Rückzug, manipulieren lassen, sondern bereit sind, auch eskalierende Auseinandersetzungen durchzustehen. Dazu ist es allerdings hilfreich wenn nicht gar unerlässlich, die eigenen gefühlsmäßigen Reaktionen und ihre Folgen zu beachten und als Gegenübertragungen in den verschiedenen Aspekten reflektieren zu können. In den meisten Fällen wird hierfür die frühzeitige Hinzuziehung eines Dritten ratsam sein.[18]

Die Ressourcen-Orientierung ebenso wie die Defizit-Orientierung haben also ihren bestimmten Ort im Konfliktverlauf der Beziehungen zwischen dem Professionellen und dem schwierigen Kind oder Jugendlichen: im hoffnungsvollen Beginnen die eine, im wütend-enttäuschten Abbruch die andere.

Es ist die *Stärke* einer Ressourcen-Orientierung, dass sie die Professionellen immer wieder dazu motiviert, sich auf Beziehungen mit schwierigen Kindern oder Jugendlichen einzulassen, auch sich verstricken zu lassen; dass sie die notwendige Entstehung der *goldenen Phantasie* ermöglicht, ohne die es wahrscheinlich gar nicht erst zu Arbeitsbündnissen in diesem Feld kommen könnte. Und es ist die *Schwäche* der Ressourcen-Orientierung, dass sie die Professionellen im Stich lässt, sie schutz- und begriffslos dort macht, wo die Konflikte virulent werden und das dyadische Einvernehmen des schönen Neuanfangs zerbricht. Kurz: Die Ressourcen-Orientierung ist weitgehend blind gegenüber den harten Konflikten und Abhängigkeiten, mit denen die Professionellen in diesem Feld zu tun haben; sie gibt keine angemessene Orientierung – weder für das Verstehen der Konflikte noch für den Umgang mit ihnen.

Es ist die *Schwäche* der Defizit-Orientierung, dass sie die Professionellen dazu verführt, immer schon das Scheitern zu erwarten und sich – sei es resigniert, sei es zynisch – dagegen dadurch zu schützen, dass sie sich auf

---

[18] Über die Bedeutung des »Dritten« oder einer »dritten Instanz« s. Thomas von Freyberg/Angelika Wolff 2006: 46ff, 151ff und Frank Dammasch 2006: 121-149.

menschliche Beziehungen und notwendige Verstrickungen gar nicht erst einlassen. Und es ist die *Stärke* der Defizit-Orientierung, dass – und wenn – sie die Professionellen realistisch davor warnt, auf die *goldene Phantasie* des Neuanfangs ihre ganze Hoffnung zu setzen; und wenn sie so deren unweigerlichen Niedergang in Wut und Enttäuschung mildert, die Grenzen professioneller Arbeit in diesem Feld aufzeigt, die Abhängigkeiten auch der Professionellen im Blick behält – und ermuntert, auf Hilfe durch Dritte zu setzen.

Vom Scheitern und der Suche nach den Schuldigen

Unsere Konfliktanalysen haben Hinweise gegeben, wie und an welcher Stelle die – situativ sinnvolle – Ressourcen-Orientierung in die Berufsideologie des Ressourcen-Ansatzes verzaubert wird. Der Ort ist eine zentrale Alltagserfahrung aus der pädagogischen Arbeit mit schwierigen Kindern und Jugendlichen: der »Mythos vom Neuanfang« und der fixierte Blick auf die Schuldfrage. Darüber wird ausführlich in *Störer und Gestörte* gesprochen[19].

Bei der Untersuchung der Konfliktgeschichten nicht beschulbarer Jugendlicher sind wir immer wieder auf ein Einstellungsmuster bei den Professionellen gestoßen, das wir den *Mythos vom Neuanfang* nannten. Man habe doch gewusst, so unsere häufige Nachfrage, woher der Schüler

[19] Zum Folgenden: Thomas von Freyberg/Angelika Wolff 2006: 152-156

oder die Schülerin kamen, dass sie wegen schwerer Verhaltensprobleme an diese Schule versetzt wurden, dass es da eine lange Konfliktgeschichte mit Schule und Jugendhilfe geben musste, in der andere Professionelle wichtige Erfahrungen mit diesen Jugendlichen gemacht haben, und dass da eine umfangreiche Schulakte und wahrscheinlich auch eine nicht weniger umfangreiche Akte des Jugendamts vorliegen müssten. Warum wurden diese Möglichkeiten, sich vorab über den Schüler, die Schülerin zu informieren, nicht genutzt, warum wurde nicht der kollegiale Rat derer gesucht, die bislang mit diesen Jugendlichen zu tun hatten? Und häufig lauteten die Antworten, man sei einfach nicht mehr offen und unbefangen, wenn man all die grässlichen Konflikte der Vorgeschichte schon kennt; man wolle den Jugendlichen die Stigmatisierung und sich selbst das negative Vorurteil ersparen; kurz: Man habe den Jugendlichen die Chance eines Neuanfangs geben wollen.

Mag sein, dass sich auch die schwierigen Jugendlichen der Illusion des Neuanfangs hingeben; viele Belege gibt es, dass ihre Eltern dies tun. Aber selten gibt es wirklich die Chance des Neuanfangs – in der Regel ist die Macht des Wiederholungszwangs stärker. Die speist sich aus frühen, überlebensnotwendigen Abwehrstrategien, auf die diese Jugendlichen nicht verzichten können, weil sie befürchten müssen, ohne sie von entsetzlichen und archaischen Gefühlen der Hilflosigkeit, der Verlassenheit und der Angst vor Entwertung oder gar Vernichtung überwältigt zu werden. So gerät die Chance des Neuanfangs meist nur zur Chance einer Neuinszenierung des Altbekannten – verbunden mit dem Überraschungseffekt für die Professionellen, die sich zum Schutz ihrer Illusion ahnungslos und wehrlos gehalten haben. Es gehört wohl zur schwarzen Seite der pädagogischen Sisyphos-Arbeit, dass auf diese Illusion immer wieder zurückgegriffen wird, denn Sisyphos ist gottverlassen und mutterseelenallein. Die Illusion des Neuanfangs ist, so könnte man überspitzt sagen, eine notwendige, unvermeidbare Haltung von Professionellen, die sich als Einzelkämpfer verstehen; und verstehen müssen, weil sie mit ihrer schwierigen Arbeit mit diesen Jugendlichen nicht institutionell eingebettet sind in kollegiale und interdisziplinäre Arbeitszusammenhänge, in denen das »diagnostische« Arbeiten neben dem Hilfe- und Förderprozess als gemeinsamer professioneller Lernprozess selbstverständlich wäre.

Warum aber hat eine sonst ja durchaus sinnvolle und sympathische Haltung, die dem Gegenüber vorurteilsfrei begegnen will, bei diesen schwierigen Jugendlichen so fatale Folgen? Warum funktionieren hier Vertrauen, Einfühlung, Offenheit so schlecht? Warum nutzen diese Jugendlichen eine solche Haltung für ihre destruktiven Zwecke, warum können sie sie nicht annehmen? Eine erste Antwort ist: Der verbissene Kampf dieser Jugendlichen um Macht und Kontrolle ist immer auch ein entschlossener Kampf gegen *die Dritte Instanz*, gegen das *väterliche Gesetz*, das für sie immer nur bedrohliche und beängstigende Züge trägt. Sich dem zu unterwerfen, ist für sie stets mit der panischen Furcht vor Entwertung oder Vernichtung verbunden. Die Schule aber ist per se der hervorragende Ort des *väterlichen Gesetzes* und deshalb muss sich der Kampf ums Überleben gegen die Schule richten.

Zur Dynamik der Konflikte in diesem Feld gehört in der Regel die Auseinandersetzung mit der Schuldfrage: Wer oder was ist Schuld? Wer hat angefangen? Wer trägt die Verantwortung? Wer eskaliert, verweigert sich, sabotiert

Hilfe? Und wer ist schließlich verantwortlich für das Scheitern? Dieser Kampf um Schuldzuweisung herrscht meist schon in den betroffenen Familien, er prägt die Auseinandersetzungen zwischen Eltern und Pädagogen, er steht im Mittelpunkt der Konflikte der Kinder und Jugendlichen mit den zuständigen Professionellen, er findet seine Nebenkriegsschauplätze in den rivalisierenden Beziehungen zwischen den Professionellen und zwischen den einzelnen beteiligten Institutionen. Dabei kann der Ressourcen-Ansatz, obwohl er durch das Scheitern der Arbeit eher in Frage gestellt werden müsste, in diesem *Kampf* durchaus als Waffe eingesetzt werden. Dann heißt es etwa: Die Kinder, die Jugendlichen, die Eltern, die Lehrer, die Sozialarbeiter oder Wer-auch-immer verfügten schon über die notwendigen Ressourcen und Kompetenzen, wären da nicht die Kinder, die Jugendlichen, die Eltern, die Lehrer, die Sozialarbeiter oder Wer-auch-immer, die dem im Wege stehen.[20] So werden reale, gefährliche und gefährdende Konflikte zu Konflikten wechselseitiger Schuldzuweisungen verzaubert. Gesiegt hat, wer Schuld verschieben kann. Schuld am Scheitern haben dann die jeweils Anderen, die Lehrer, das Jugendamt, die Eltern, die Kinder und die Jugendlichen selbst – oder auch einfach und pauschal: die Verhältnisse.

Die Argumente, die dabei zum Zuge kommen, sind selten aus der Luft gegriffen; der Zweck aber, der – sicherlich meist unbewusst – verfolgt wird, ist in der Regel die eigene

---

[20] Hier liegt sicher eine wichtige und fatale »Ressource« des Ressourcen-Ansatzes: Er bietet sich an als Selbstimmunisierung: Indem er Konflikte auf der Ebene von Schuldzuweisungen verortet, verhindert er den reflexiven und analytischen Blick auf die psychodynamischen und strukturellen Ursachen des Scheiterns.

Entlastung. Die Einsicht, dass die Arbeit mit schwierigen Kindern und Jugendlichen mit der Klärung der Schuldfrage eher blockiert als gefördert wird, dass die Schuldfrage nicht das Problem löst, sondern ein Teil des Problems ist, ist offensichtlich besonders schwer auszuhalten.

Die Klärung der Schuldfrage dient aber nicht nur der eigenen Entlastung; sie ermöglicht zugleich Hoffnung auf neues Beginnen: Liegt die Schuld am Scheitern bei bestimmten Personen, so verspricht der Personenwechsel erfolgreichen Neuanfang. In der Dynamik der Konfliktgeschichten taucht die Debatte um Schuld und Verantwortung an zwei strategisch wichtigen Stellen auf: Am Ende einer Episode von Hilfe und Förderung, die mal wieder vergeblich war, *und* am Beginn einer neuen Episode, die jetzt endlich zum Erfolg führen wird. Am Ende dient die »Klärung« der Schuldfrage der eigenen Entlastung, am Anfang der Hoffnung auf einen Neuanfang und damit auf die Wende zum Guten. Und da innerhalb eines mehrjährigen Hilfe- und Förderprozesses jedes Ende einer Episode immer auch einen Neuanfang nach sich zieht und jeder Neuanfang einer Episode immer in ein weiteres Ende mündet, gehören beide Seiten – Schuldfrage und Hoffnung – eng zusammen. Und sie dienen beide dazu, das Scheitern auch des Ressourcen-Ansatzes zu verharmlosen. Etwas holzschnittartig formuliert: Mit der Hoffnung des Neuanfangs blüht die Ressourcen-Orientierung auf; mit dem folgenden Scheitern der Hoffnung verdorrt sie und die Defizit-Orientierung schiebt sich in den Vordergrund. Die Schuldzuschreibung sorgt dann für das Überleben der Ressourcen-Orientierung und stabilisiert den Ressourcen-Ansatz als Berufsideologie.

Und für das letzte Ende, wenn alle gescheitert sind, hat der Ressourcen-Ansatz auch noch eine tröstende und entlastende Antwort: Niemand hat Schuld, keiner ist verantwortlich, von einem Scheitern kann eigentlich nicht die Rede sein. Der Trick hier: Auch das Scheitern*können* und Scheitern*wollen* wird als positive Ressource mystifiziert. Man kann hier von einem *gedehnten individuellen Ressourcenansatz* sprechen: Zu den Ressourcen von Kindern und Jugendlichen gehöre, so dieser Ansatz, eben auch ihr Eigensinn und ihr Eigenwille – kurz: ihre Autonomie; und die schließe das Freiheitsrecht ein, Angebote der Hilfe und Förderung abzulehnen. Geradezu idealtypisch formuliert Mechthild Wolf diese Position:

> Alle Bestrebungen und Bemühungen neue Ansätze zu entwickeln, setzen darauf, dass Kinder und Jugendliche das Bedürfnis und den Willen haben, sich auf Bildungsprozesse – formelle wie informelle – einzulassen. Einräumen muss man aber, dass es auch Jugendliche gibt, die nicht partizipieren wollen und die sich nicht motivieren lassen. Da kann ein Bildungsverständnis noch so weit gefasst, da können die Intentionen und Grundhaltungen der Professionellen noch so plausibel und noch so ausgerichtet sein an der UN-Kinderrechtskonvention und am Bemühen um ein lebenswertes Gemeinwesen, da können die Professionellen noch so überzeugt davon sein, dass sie Jugendlichen die Chance zur eigenverantwortlichen Lebensführung geben wollen. Alles Bemühen bricht sich an dem Eigenwillen und Eigensinn von Jugendlichen, den wir den Kindern und Jugendlichen auch belassen sollten.[21]

Die Konsequenzen daraus sind ebenso willkommen wie fatal – und das gleich in mehrfacher Hinsicht: Da wird un-

---

[21] Mechthild Wolff 2004: 136. Was diese Position sympathisch macht, ist ihr Affront gegen schwarze Pädagogik; und wäre diese der einzig gangbare Ausweg, müsste der Autorin wohl zugestimmt werden.

terstellt, dass ausgerechnet die schwierigsten Kinder und Jugendlichen, an deren Abwehr und Verweigerung »alle bisher gescheitert sind«, über die Ressource der Autonomie verfügen, dass ihr Konfliktverhalten von Eigensinn und Selbstbestimmung zeugt, dass sie – mündigen Bürgern gleich – frei darüber entscheiden können, ob sie Angebote der Hilfe und Förderung annehmen oder ablehnen wollen. Diese maßlose Unterstellung verleugnet das Problem dieser Kinder und Jugendlichen ebenso wie das der Professionellen, die keinen Zugang zu ihnen finden.[22]

Die Absurdität, aber auch die Attraktivität dieser Position lässt sich auf die kurze Formel bringen: Weil diese Klientel unsere Angebote der Hilfe und Unterstützung ablehnt, dürfen wir davon ausgehen, dass sie Hilfe und Unterstützung nicht braucht. Das ist überaus verführerisch. Es erspart den Professionellen den kritischen, reflektierenden Blick auf ihre Praxis und auf ihren möglichen Anteil am Scheitern der Arbeit. Und nicht zuletzt blendet eine solche Position systematisch die Dimension der *strukturellen Verantwortungslosigkeit* aus: den Tatbestand also, dass vernachlässigte Kinder und Jugendliche auf vernachlässigte Institutionen stoßen und dass die daraus resultierenden Macht-Ohnmacht-Spiralen in gleicher Weise von der Not und Bedürftigkeit der Kinder und Jugendlichen Zeugnis ablegen wie von der der Institutionen und ihrer Professionellen. Diese Position »befreit« schließlich die Professionellen von einer Aufgabe, für die sie nicht ausgebildet und der sie nicht gewachsen sind: Verantwortung zu übernehmen für die eigenen Arbeitsstrukturen und diese

22 Zum Thema der falschen, autarken Autonomie dieser schwierigen Kinder und Jugendlichen – und der hinter ihr stehenden zwanghaften Abwehr und Vermeidung: Thomas von Freyberg 2004.

dort zu verändern oder dort auf ihre Veränderung zu drängen, wo sie verantwortliches und professionelles Arbeiten mit schwierigen Kindern verhindern. Stattdessen wird das »Scheitern« umgedeutet und die vergebliche Arbeit kann beendet werden: Die Institutionen von Schule und Jugendhilfe und ihre Professionellen sind an eine Grenze gestoßen, die sie zu respektieren haben: die Grenze individueller Autonomie. Sie scheitern also nicht wirklich, sondern ziehen sich »respektvoll« zurück.[23]

An dieser Extremstelle des Hilfe- und Förderprozesses, dort, wo er endgültig abgebrochen und beendet werden »muss«, wird der geheime Lehrplan des Ressourcenansatzes sichtbar: Er dient vor allem und auf vielfältige Weise der Entlastung der Professionellen und ist so die glänzende Kehrseite dessen, was in unserer Untersuchung eher düster als *strukturelle Verantwortungslosigkeit* herausgearbeitet wurde.

Die Grenzen von Pädagogik und ihre Verleugnung

Bislang war nur vom *individuellen Ressourcen-Ansatz* die Rede. Das ist kein Zufall, denn seine *institutionelle, strukturelle* Dimension wird in der Regel nicht thematisiert. So ist, wenn überhaupt »der schwierige Fall« zur Sprache kommt, stets nur der Fall des schwierigen Kindes,

23 Die Nähe des Ressourcen-Ansatzes – in Verbindung mit dem Resilienz-Konzept – zur Ideologie des *aktivierenden Sozialstaats*, der Fördern sagt, Fordern meint und Sanktionieren, Ausgrenzen, Diskriminieren bewirkt, ist sicher kein Zufall.

Jugendlichen oder der schwierigen Familien im Blick. Der *Fall* aber ist immer die konflikthafte soziale Beziehung von *Störer und Gestörten*. Der individuelle Ressourcen-Ansatz müsste also ergänzt werden durch einen *institutionellen* Ressourcen-Ansatz. Das ist durchaus unüblich, mehr noch: nicht erwünscht. Die Fixierung auf den individuellen Ressourcen-Ansatz verharmlost nicht nur die individuellen Störungen und Abhängigkeiten der Klientel, sie verleugnet darüber hinaus systematisch die institutionellen Störungen und Abhängigkeiten der Professionellen. Eine Fortsetzung des Gedankenexperiments mag diese – gewiss nicht zufällige – Lücke füllen:

Ergänzungsthese: der institutionelle Ressourcen-Ansatz

Der Einstieg in die Intensivphase setzt sich fort in der Regelschule, im Hort und in der Jugendhilfe. Sie nutzt die Bereitschaft der Professionellen zur Veränderung. Die Intensivphase soll alle beteiligten Institutionen in die Lage versetzen, qualifizierte und tragfähige Entscheidungen zu treffen und die dazu notwendigen Kompetenzen und Ressourcen bereitzustellen. Ziele, konkrete Maßnahmen und Zeitabläufe sowie Abstimmung über Kooperation und Arbeitsteilung im Hilfe- und Helfersystem münden in einen Kontrakt als Grundlage für den weiteren Hilfeprozess. Als entscheidender Baustein im Hilfeprozess knüpft die Intensivphase an den Ressourcen und Kompetenzen der Professionellen an und macht die Maßnahme zu einem Projekt der professionellen Kooperation. Wir gehen davon aus, dass Schule, Hort und Jugendhilfe in der Arbeit mit ihren »Problemkindern« und »Problemfamilien« grundsätzlich dazu bereit sind, ihre professionelle Praxis, die Rahmenbedingungen ihrer Arbeit und

> die Formen der professionellen Zusammenarbeit zu verbessern. Ein Schlüssel für einen erfolgreichen Zugang der Schule für Erziehungshilfe zu den Institutionen und ihren Professionellen ist das Herausarbeiten ihrer institutionellen und fachlichen Stärken.

Ein schönes Bild – und für Bildungspolitiker und Erziehungsplaner oft auch *das* Bild von der Realität,[24] die sie zu verantworten haben. Ein Wunschbild und Traumbild, das mit der Realität wenig zu tun hat, das aber, indem es zur Realität erklärt wird, Kritik, Korrektur und einschneidende Veränderungen unnötig erscheinen lässt. Nun, mit der harten Wirklichkeit sind ja auch andere – die Praktiker – konfrontiert; und deren Lied von den herrschenden Verhältnissen klingt häufig ganz anders:

Ergänzungs-Antithese: der institutionelle Defizit-Ansatz

> Der Einstieg in die Intensivphase setzt sich fort in der Regelschule, im Hort und in der Jugendhilfe. Wir müssen dabei davon ausgehen, dass die zurückliegende Konfliktgeschichte die Bereitschaft der Professionellen, sich in diesem Fall weiter zu engagieren, weitgehend aufgebraucht hat. Eine Bereitschaft, die eigene Arbeit kritisch zu hinterfragen, die institutionellen Arbeitsbedingungen zur Diskussion zu stellen, kurz: den eigenen Anteil an der bisherigen Erfolglosigkeit zu untersuchen und notwendige Entwicklungen und Veränderungen einzuleiten, kann nicht vorausgesetzt werden. Im Ge-

---

24 Ein besonders gelungenes Beispiel dieser interessierten Ausblendung und Verleugnung von Realität bietet der Hessische Bildungs- und Erziehungsplan (HBuEP) 2007; dazu mehr in Kapitel 2.

genteil, das Problem soll endlich weggemacht, das Kind soll weitergereicht und die Ruhe soll wieder hergestellt werden. Und daran wird in der Regel auch die Intensivphase nur wenig ändern können. Mehr als ein sehr instabiles, wenig belastungsfähiges und meist ziemlich vages Arbeitsbündnis zwischen den beteiligten Institutionen wird kaum möglich sein; bestenfalls halbherzig wird der Kontrakt geschlossen. Eine fallbezogene, intensive und verlässliche interdisziplinäre und interinstitutionelle Kooperation ist die extreme Ausnahme in diesem Feld. Kurz: die strukturellen Hindernisse für eine qualifizierte nachhaltige Kooperation zwischen Sonderschule, Regelschule, Jugend- und Familienhilfe sind immens und können durch individuelles Engagement nur punktuell und nicht wirklich kompensiert werden. Wir müssen also realistischerweise davon ausgehen, dass Schule, Hort und Jugendhilfe in der Arbeit mit ihren »Problemkindern« und »Problemfamilien« grundsätzlich eher nicht dazu bereit sind, ihre professionelle Praxis, die Rahmenbedingungen ihrer Arbeit und die Formen der professionellen Zusammenarbeit auf den Prüfstand zu stellen und gegebenenfalls zu verändern. Der Schlüssel für einen erfolgreichen Zugang der Schule für Erziehungshilfe zu den Institutionen und ihren Professionellen: das Herausarbeiten ihrer institutionellen und fachlichen Stärken, existiert nicht, weil wir es meist mit vernachlässigten Institutionen und überforderten Professionellen zu tun haben, die ihre Arbeit unter Bedingungen struktureller Verantwortungslosigkeit leisten müssen.

Das klingt durchaus defätistisch und wenig aufbauend: All das weiß man seit Jahren; aber ändert sich etwas, wenn man es immer wieder sagt und ausmalt?! Und gibt es nicht die zahlreichen anderen, guten Ansätze von interdisziplinärer und interinstitutioneller Kooperation?! Wer derart schwarz malt, entwertet nur alle diese erfolgreiche Modellversuche, von denen doch eher zu lernen wäre! Was aber am wirkungsvollsten gegen eine derartige Perspektive spricht, ist wohl die ebenso tiefe wie resignierte Einsicht in die Hilflosigkeit einer solchen Perspektive. Dass die Grenzen der Pädagogik vielleicht in dem einen oder anderen Fall verschoben werden könnten, mag man noch hoffen, so lange es »nur« um die Ressourcen und Defizite der Klientel geht; die institutionellen, strukturellen – und das heißt eben: die gesellschaftlichen – Grenzen der Pädagogik aber sind den professionellen Ressourcen und Kompetenzen von Pädagogen vollends unzugänglich. Müssen die einen Grenzen verharmlost und relativiert, so müssen die anderen geleugnet und dethematisiert werden. Und vor allem darin liegt die Funktion der zur Berufsideologie erhobenen Ressourcen-Orientierung.

Der *Ressourcen-Ansatz* ist *die* Berufsideologie in diesem Feld, ein berufliches Abwehrsystem gleichsam gegen die Wahrnehmung von Hilflosigkeit und Ratlosigkeit der Professionellen angesichts der Konflikte, in die sie zwangsläufig verwickelt werden müssten, wenn sie ihre Arbeit verantwortlich tun wollen – und an denen sie ebenso zwangsläufig scheitern müssten, weil ihnen hierfür die notwendigen Ressourcen und Kompetenzen fehlen. Der *Ressourcen-Ansatz* – so gesehen – spiegelt die strukturelle und institutionelle Schwäche der Professionellen wider: gegenüber ihrer schwierigen und gestörten Klientel *und* gegenüber ihren schwierigen und gestörten Institutionen.

Unsere Untersuchung von *Konfliktgeschichten nicht beschulbarer Jugendlicher mit Schule und Jugendhilfe* hat in allen Fällen eine doppelte »Sehstörung« bei den Professionellen deutlich gemacht: zum einen gegenüber den schwierigen Kindern und Jugendlichen, deren tiefe seelische Verletztheit und Krankheit nicht wirklich wahrgenommen, nicht angemessen ernst genommen, also stets verharmlost wird;[25] zum anderen gegenüber den institutionellen Rahmenbedingungen und den strukturell gesetzten Zwängen der beruflichen Arbeit, deren Anteil an den missglückten Bildungs- und Entwicklungsprozessen in der Regel übersehen oder als unveränderbar hingenommen, also praktisch verleugnet wird.

Der Blick in die Abgründe der Individuen ebenso wie in die der Institutionen wäre – unter gegebenen Bedingungen – zwangsläufig verknüpft mit der Wahrnehmung einer unerträglichen und die Arbeit blockierenden professionellen Ohnmacht. Der *Ressourcen-Ansatz* soll die Professionellen wohl vor solchen Gefühlen von Ohnmacht und vor der Einsicht in ihre Hilflosigkeit schützen. Er ist ein professionelles System intellektualisierter Abwehr, das institutionell verursacht und institutionell verstärkt wird.

Ohne Mühe lässt sich eine gewisse Konkordanz identifizieren zwischen dem psychischen Abwehrsystem schwieriger Kinder und Jugendlicher und dem institutionellen Abwehrsystem der Professionellen: In allen unseren Fällen wäre die gemeinsame Formel: Du darfst keine Fehler machen, dir keine Blöße geben, vor den Anderen keine Schwäche zeigen; du musst die Gefühle und Erfahrungen von Hilflosigkeit, Ratlosigkeit, Bedrohtheit, Angst um jeden Preis vermeiden! Deshalb soll von Defiziten nicht die Rede sein!

Und beide Seiten haben beträchtliche *Krankheits-* oder

---

25 Irgendwie klingt es auch angenehmer, von »erschwerten Lernausgangslagen« zu reden oder zwanghafte Verweigerung und Vermeidung als »Eigenwillen und Eigensinn« zu bezeichnen; und der Appell, die ohnehin schon Benachteiligten nicht auch noch zu »pathologisieren« oder gar zu »psychiatrisieren« klingt respektvoll. Wer wollte da objektiven Zynismus vermuten?!

Störungsgewinne, die aufzugeben im Interesse einer guten individuellen oder institutionellen Entwicklung sie nicht ohne weiteres bereit sind. Vom Widerstand der schwierigen Kinder und Jugendlichen gegen ihre Helfer und deren Angebote weiß jeder zu berichten, der in diesem Feld arbeitet; der Widerstand der Institutionen gegen Veränderung und Entwicklung hat zwar einen anderen Charakter, ist aber nicht weniger zäh und entschlossen. Der Krankheitsgewinn auf der Seite der gestörten Individuen und der gestörten Institutionen hat eine doppelte Seite: Schutz vor Bedrohung, Entwertung oder Vernichtung, Verleugnung von Ohnmacht und Abhängigkeit *und* die – letztlich destruktiv-selbstdestruktive – Bestätigung grandioser Selbstüberschätzung.

Jenseits von Ressourcen-Ansatz und Defizit-Orientierung

Wir kehren noch einmal zum pädagogischen Ort zurück, an dem Ressourcen- und Defizit-Orientierung situativ verankert sind. Die Dynamik des Konfliktmusters – von notwendiger *goldener Phantasie* und ihrem unvermeidlichen Niedergang in Wut und Enttäuschung – demonstriert empirisch nachvollziehbar die paradoxe Handlungsanforderung an Professionelle in diesem schwierigen Erziehungsfeld.

Sie müssen sich auf ihre Kinder oder Jugendlichen ernsthaft einlassen, müssen sich in deren Hoffnungen und Schwierigkeiten verwickeln lassen, müssen mit ihnen die *goldene Phantasie* teilen, dass nun endlich der elende Kreislauf von »neu beginnen« und »stets wieder scheitern« durchbrochen und die Mechanik von Wiederholung außer Kraft gesetzt wird. Und sie müssen alles das irgendwie vor sich und ihren Zöglingen glaubwürdig und ohne Vorbehalte tun. Kurz: Sie müssen sich entschieden auf den individuellen positiven Ressourcen-Ansatz einlassen und verlassen. Und *zugleich* müssen sie immer schon um die Illusion dieses Neuanfangs wissen, um die Täuschung und Selbsttäuschung der *goldenen Phantasie*, müssen gewappnet sein, dass diese *goldene Phantasie* keinen Bestand haben kann, zwingend untergehen muss – und wohl auch soll. Sie müssen sich verstricken lassen *und* gleichzeitig eine Position außerhalb der Verstrickung bewahren; müssen wissen, dass Verstrickungen notwendige Voraussetzungen sind für später vielleicht mögliche Arbeitsbündnisse *und* gleichzeitig dürfen sie nie vergessen, dass diese Verstrickungen eher Komplizenschaften sind, die dazu dienen, Entwicklung zu verhindern.

Vergleichbar paradox ist die Handlungsanforderung an die Professionellen angesichts des institutionellen Rahmens und der strukturellen Bedingungen ihrer Arbeit. Die Arbeitsbündnisse, Vereinbarungen und Kontrakte mit den schwierigen Kindern und Jugendlichen und ihren Familien beinhalten Zusagen und Verpflichtungen, über die die Professionellen selten wirklich verfügen können. Sie müssen – auch das gehört zur vielleicht unvermeidbaren Illusion des Neuanfangs – kontrafaktisch unterstellen, dass sie und ihre Institutionen ihr Bestes im Interesse der Klientel tun werden und dass das örtliche Netz der Hilfe und Förderung seine vorrangige Aufgabe darin sieht, dieses Beste für ihr Klientel bereitzustellen; und *zugleich* müssen sie immer schon wissen, dass genau dies weder vorausgesetzt noch zugesagt werden kann, dass von einer eingespielten kooperativen Arbeit in Netzwerken in der Regel nicht die Rede sein kann, dass eher andere und durchaus gewichtige Interessen von den Einrichtungen und Institutionen im Feld verfolgt werden, dass die kompetente, interdisziplinäre Arbeit im Interesse derer, die Hilfe und Förderung benötigen, die Ausnahme ist.

Das macht den Ressourcen-Ansatz so untauglich wie einen Defizit-Ansatz. Für ihre berufliche Orientierung und Praxis benötigen Professionelle in diesem Feld ein eigenständiges Konzept jenseits von Ressourcen- oder Defizit-Orientierung. Und im Zentrum eines solchen Konzepts muss das professionelle Wissen um die *Grenzen der Pädagogik*, das heißt um die individuellen und institutionellen Abhängigkeiten, ebenso stehen wie eine professionelle Orientierung an den notwendigen individuellen und institutionellen Konflikten, die darauf zielen, diese Grenzen zu verschieben. Denn die berufliche Arbeit bewegt sich in einem Feld, das von schweren, das heißt schwer oder kaum zu versöhnenden Konflikten beherrscht wird. Der Professionelle ist unvermeidbar eingeklemmt zwischen einer individuellen Konfliktdynamik, die mit suggestiver Macht von seiner Klientel inszeniert wird *auf der einen Seite* und einer institutionellen Konfliktdynamik, die mit der Macht des Faktischen von seiner Institution aufgebaut wird *auf der anderen Seite*.

Der basale seelische Konflikt auf der Seite der schwierigen Kinder und Jugendlichen ist der zwischen der Macht der Libido *und* der Macht der Destruktion. Auf der Ebene des Verhaltens und der Symptome wird dieser Konflikt als einer zwischen zwanghafter Vermeidung und zwanghafter Wiederholung inszeniert – beides geschlossen als Abwehr *und* offen zur Entwicklung und Veränderung. Der Professionelle, der sich auf die Arbeit mit diesen Kindern und

Jugendlichen einlässt, wird unvermeidbar in diesen Konflikt gezogen und verstrickt, denn er muss mit den Kräften der Libido arbeiten und die destruktiven Kräfte aushalten und überleben.

Der basale institutionelle Konflikt auf der Seite der schwierigen Organisationen ist der zwischen ihrem strukturellen, vordemokratischen »geheimen Lehrplan«, der auf Auslese, Ausgrenzung und die Bewahrung sozialer Ungleichheit zielt *und* ihrem demokratischen erzieherischen Auftrag, der individuelle Entwicklung zum mündigen, selbstbestimmten und selbstverantwortlichen Bürger proklamiert. Wenn man so will: ebenfalls ein basaler Konflikt zwischen Libido und Destruktion, jetzt auf der institutionellen Ebene Der Professionelle, der sich auf die Arbeit unter solchen institutionellen Rahmenbedingungen einlässt, wird unvermeidlich auch in diesen Konflikt gezogen und verwickelt, denn er muss den erzieherischen Auftrag umsetzen in vernachlässigten Institutionen, unter Bedingungen struktureller Verantwortungslosigkeit und gegen den »geheimen Lehrplan« des deutschen Bildungssystems.

Im Spannungsfeld dieser Konfliktkonstellationen müssen die Professionellen sich zurechtfinden: sie müssten die *Konflikte* begreifen, einschätzen, bearbeiten und sie müssten selbst lernen, konfliktfähig zu werden. Wer in diesem Feld verantwortlich und professionell arbeiten will, müsste *zum ersten* wissen, dass er es mit nur schwer beherrschbaren individuellen und institutionellen Konflikten zu tun haben wird; müsste *zum zweiten* eine Vorstellung davon haben, welcher Art diese Konflikte sein können, mit welchen Gegnern, welchen Widerständen, welchen Waffen und welchen Konfliktstrategien zu rechnen ist; müsste *zum dritten* über die Ressourcen und Kompetenzen verfügen, um sich angemessen auf die unvermeidbaren Konflikte einlassen zu können und sich gegebenenfalls Hilfe durch Dritte zu besorgen; müsste *zum vierten* bereit und fähig sein, angebotene oder aufgenötigte Komplizenschaften zu durchschauen, abzulehnen und produktive Arbeitsbündnisse in den Konfliktbeziehungen aufzubauen; und müsste *zum fünften* realistisch seine – inneren und äußeren – Grenzen im aktuellen Konfliktfall kennen und respektieren.

Eine derartige qualifizierte *Konfliktorientierung* wäre zunächst und vor allem ein unverzichtbarer Schutz für die Professionellen selbst. Sie macht bescheiden und schützt vor Selbstüberforderung. Sie weiß um die eigenen professionellen Grenzen und macht bereit und fähig, interdisziplinäre Hilfe und Unterstützung zu erbitten und anzunehmen. Sie rechnet mit Scheitern und Niederlagen und weiß, wie aus ihnen zu lernen ist. Sie kennt die Verstrickungen der Fallarbeit und weiß, dass hier alle auf geschützte Zeiten und Räume und die Hilfe von externen Dritten angewiesen sind. Und sie macht sich keine Illusionen über die Institutionen der Hilfe und Förderung, in denen die Professionellen arbeiten müssen und von denen sie abhängig sind.

Eine derartige qualifizierte *Konfliktorientierung* wäre auch und nicht weniger wichtig ein unverzichtbarer Schutz für die Kinder und Jugendlichen und deren Familien, für die die Professionellen verantwortlich sind. Deren oft destruktive Konfliktstrategien der Spaltung, der Manipulation, der Verleugnung und der Täuschung müssen von den Professionellen begriffen und beantwortet werden. Die Konfliktgeschichten dieser Klientel sind voll von verheerenden Misserfolgen und Niederlagen; nicht minder verheerend aber sind die vermeintlichen Siege. Hier müssen die Professionellen im Interesse ihrer Klientel konfliktbereit und konfliktfähig sein; vor allem aber müssen sie die paradoxen Handlungsanforderungen an sie und ihre Arbeit aushalten.

Dafür brauchen sie kein verkürztes Resilienzkonzept – verbunden mit einer »salutogenetischen Perspektive« –, das ihnen Mut machen soll, »weil pädagogische Erfolge als prinzipiell möglich begriffen werden«[26]; und schon gar nicht eine pädagogische Philosophie aus dem Wolkenkuckucksheim des Hessischen Bildungs- und Erziehungsplans.

---

26 Margit Theis-Scholz 2007: 272; eine schon recht befremdliche Begründung. Wer die Hoffnung auf »pädagogische Erfolge« in diesem Feld verloren hat, sollte eine Auszeit nehmen. Vor allem aber benötigt er nicht Mut machenden Zuspruch, sondern Unterstützung darin, Scheitern zu verstehen, und das heißt eben, die individuellen und institutionellen Widerstände realistisch zu sehen. Nicht die Niederlagen in diesem Feld sind das wirkliche Problem, denn die sind gar nicht zu vermeiden. Wichtig ist deshalb und vor allem, aus ihnen zu lernen; und dafür bedarf es guter Lernbedingungen.

Kapitel 2
Pädagogik im Wolkenkuckucksheim: der Hessische Bildungs- und Erziehungsplan

Hessen hat seit Anfang 2008 einen verbindlichen Bildungs- und Erziehungsplan. *Bildung von Anfang an – Bildungsplan für Kinder von O bis 10 Jahren in Hessen.* Herausgeber sind das Hessische Sozialministerium und das Hessische Kultusministerium.[27] Die damals noch zuständigen Ministerinnen, Karin Wolff und Silke Lautenschläger, sind überzeugt, dass Hessen damit »in Zusammenarbeit mit Bayern – eine Vorreiterrolle übernommen« (8) habe:

> Mit diesem Plan haben wir uns nicht mehr und nicht weniger zum Ziel gesetzt als einen zentralen Beitrag zur Optimierung der Bildungschancen für die heranwachsende Generation zu leisten. (5)

Ein großer Plan mit großen Zielen

Selbstanspruch und Selbstverpflichtung sind hoch angesetzt:

---

27 HBuEP 2007. Seitenangaben in diesem Kapitel ohne anders lautende Hinweise beziehen sich auf diesen Text.

> Das gesellschaftliche Ziel, das wir mit all diesen Anstrengungen verfolgen, ist die frühere, nachhaltigere, individuellere und intensivere Bildung der Kinder. Sie ist die zentrale Voraussetzung, um in der von kontinuierlichem Wandel geprägten Welt auch in Zukunft zu bestehen. (6)

Dieser Bildungs- und Erziehungsplan entfaltet ein umfassendes, konsistentes und verbindliches pädagogisches Konzept, das private und öffentliche Erziehung und Bildung aufeinander abstimmen und koordinieren will:

> Der Bildungs- und Erziehungsplan steht für eine Pädagogik, die das Kind mit seinen individuellen Lebensvoraussetzungen in den Mittelpunkt stellt. Das Kind erfasst aktiv seine Umwelt und gestaltet – ko-konstruiert – seine Lernerfahrungen mit. (7)

Eines der ältesten reformpädagogischen Ziele wird hier zur zentralen Richtschnur von Bildung und Erziehung erklärt: *Im Mittelpunkt: das Wohl der Kinder und ihre optimale Entwicklung.*

> Mit dem Bildungs- und Erziehungsplan soll eine Grundlage zur Verfügung gestellt werden, um jedes Kind in seinen individuellen Lernvoraussetzungen, seiner Persönlichkeit und seinem Entwicklungsstand anzunehmen, angemessen zu begleiten und zu unterstützen. (5)

Und diese Richtschnur wird im Folgenden dann systematisch ausbuchstabiert:

> Bildung soll dazu beitragen, dem Kind zu helfen, sich selbst zu organisieren, ein Bild über seine Stärken und Schwächen zu gewinnen und dadurch ein gesundes Selbstwertgefühl zu entwickeln. Jedem Kind sind größtmögliche Freiräume für seine Entwicklung zu bieten. Gleichzeitig sind viele Gelegenheiten zu schaffen, in denen das Kind lernt, in sozialer

Verantwortung zu handeln … Bildung ist darauf zu richten, dem Kind Achtung vor den Menschenrechten und Grundfreiheiten, seinen Eltern, seiner kulturellen Identität, seiner Sprache und den kulturellen Werten des Landes zu vermitteln. Sie ist ferner darauf zu richten, das Kind auf ein verantwortungsvolles Leben in einer freien Gesellschaft im Geist der Verständigung, der Toleranz, der Gleichberechtigung der Geschlechter und der Freundschaft zwischen den verschiedenen Kulturen vorzubereiten. (25)

Nicht um den »Erwerb von möglichst viel Faktenwissen« (25) gehe es vorrangig. Vielmehr müsse den Kindern »Freiraum für entdeckendes Lernen« (28) gesichert werden – ein Umfeld, »in dem sich Kinder sicher und geborgen fühlen« (26) und ein »entspanntes Lernklima«, in dem »Selbständigkeit und Kreativität gedeihen« (28). Das verlange, dass »auf die individuellen Unterschiede der Kinder« sorgfältig geachtet wird, also auf »ein differenziertes Bildungsangebot und eine individuelle Lernbegleitung« (31). Ganzheitliche Erziehung ziele vor allem darauf, die »Basiskompetenzen des Kindes« zu stärken, und zu denen gehöre nicht zuletzt: »kompetenter Umgang mit Veränderung und Belastung: Widerstandsfähigkeit (Resilienz)« (44):

Resilienz bezeichnet die Fähigkeit des Kindes, seine personalen … und seine sozialen … Kompetenzen und Ressourcen erfolgreich zu nutzen, um schwierigen Lebensumständen zu trotzen und kritische Ereignisse und Risikobedingungen erfolgreich zu bewältigen. Dies beinhaltet die positive, gesunde Entwicklung trotz anhaltendem hohen Risikostatus ..., die Fähigkeit, mit Belastungs- und akuten Stressbedingungen erfolgreich umzugehen und sich eigenständig Hilfe zu holen, sowie die schnelle Erholung von traumatischen Erlebnissen. Das Kind erwirbt die Fähigkeit, schwierige Situationen in seinem Leben … nicht nur als Belastung, sondern auch als

> Herausforderung zu begreifen. Resilienz baut auf den individuumsbezogenen und sozialen Basiskompetenzen auf und wird maßgeblich durch die sozialen Ressourcen des Kindes begünstigt, insbesondere durch stabile emotionale Beziehungen zu Bezugspersonen, offenes wertschätzendes Erziehungsklima, vorbildhafte Rollenmodelle, positive Beziehungen zu anderen Kindern oder bereichernde Erfahrungen in den Bildungsinstitutionen. (44)

Eine solche Pädagogik begreift das Kind nicht als Objekt, sondern als kompetenten Ko-Konstrukteur der eigenen Bildung und Erziehung, und das heißt: als »kompetenten und aktiven Bewältiger seiner Entwicklungsaufgaben« (44).

> Auf der Basis gemeinsamer, Institutionen übergreifender Grundsätze und Prinzipien kann eine Fokussierung auf individuelle Bildungsverläufe gelingen, indem die kindliche Bildungsbiographie und weniger eine einzelne Institution in den Mittelpunkt rückt. Fach- und Lehrkräfte aus dem Elementar- und Primarbereich orientieren sich dabei an demselben Bild vom Kind, als ein aktives, kompetentes, seinen eigenen Lern- und Entwicklungsprozess ko-konstruierendes Kind, mit Freude am Lernen und mit individuellen Stärken und Schwächen. (12)

Diese positive Pädagogik des Hessischen Bildungs- und Erziehungsplans setzt auf die Ressourcen und Kompetenzen der Kinder. An die müsse Erziehung nur anknüpfen, an ihnen haben sich Bildungs- und Erziehungsziele zu orientieren:

> *Starke Kinder:* (57-65):
> Das Kind lernt, kompetent und verantwortungsvoll mit eigenen Gefühlen und den Gefühlen anderer Menschen umzugehen. Es entwickelt sich, ausgehend von einem Gefühl der Sicherheit und des Vertrauens in andere, zu einem selbstbe-

wussten, autonomen Menschen, ist kontakt- und kooperationsfähig und kann konstruktiv mit Konflikten umgehen. Es lernt, belastende Situationen effektiv zu bewältigen. … Das Kind lernt, seinen Körper wahrzunehmen, Verantwortung für sein eigenes Wohlergehen und seine Gesundheit zu übernehmen. … Das Kind entwickelt Freude daran, sich zu bewegen, und erlangt zunehmend mehr Sicherheit in seiner Körperbeherrschung. Seine Wahrnehmungsfähigkeit hinsichtlich des Sehens, Hörens, Fühlens sowie sein Gleichgewichtssinn werden mittels körperlicher Aktivitäten gestärkt. … Durch lebenspraktische Erfahrungen versteht und durchschaut das Kind seine Lebenswirklichkeit. Dies befähigt es dazu, unabhängig zu denken, selbsttätig, selbständig und verantwortlich zu handeln.

Kommunikationsfreudige und medienkompetente Kinder (66-71)
Das Kind erwirbt Freude am Sprechen und am Dialog. Es lernt, aktiv zuzuhören, seine Gedanken und Gefühle differenziert mitzuteilen. Es entwickelt literacybezogene Kompetenzen, Interesse an Sprache und Sprachen, ein sprachliches (auch mehrsprachiges) Selbstbewusstsein. … Das Kind lernt die Medien und Techniken gesellschaftlicher Kommunikation zu begreifen und zu handhaben, sie selbstbestimmt und kreativ zu gestalten, sie als Mittel kommunikativen Handelns zu nutzen und sie kritisch, in sozialer und ethischer Verantwortung zu reflektieren.

Kreative, fantasievolle und künstlerische Kinder (71-74)
In der Begegnung mit bildnerischer und darstellender Kunst entdeckt das Kind unterschiedliche Formen, um Gefühle und Gedanken auszudrücken und darzustellen. Es entwickelt Freude am eigenen Gestalten und Darstellen, in verschiedene Rollen zu schlüpfen. … Das Kind erfährt Musik als Quelle von Freude und Entspannung sowie als Anregung zur Kreativität in einer Reihe von Tätigkeiten, wie beispiels-

weise im Singen, im Instrumentalspiel oder im Tanz, aber auch im Erzählen, Bewegen und Malen. Es setzt sich mit den unterschiedlichen musikalischen Facetten, wie Töne, Tempo oder Rhythmus, auseinander. Es erlebt Musik als festen Teil seiner Erlebniswelt und als Möglichkeit, seine Gefühle auszudrücken.

Lernende, forschende und entdeckungsfreudige Kinder
(75-79)
Das Kind entdeckt seine Freude am Umgang mit Formen, Mengen und Zahlen sowie Raum und Zeit. Von besonderer Bedeutung sind dabei das Mengenverständnis und damit verbunden die Zahlen- und Zählkompetenz des Kindes. Darauf aufbauend erwirbt es mathematisches Wissen und Können und die Fähigkeit, mathematische Probleme und Lösungen sprachlich zu formulieren. … Das Kind erwirbt Zugang zu naturwissenschaftlichen Themen und hat Freude am Experimentieren und Beobachten von Phänomenen der belebten und unbelebten Natur. … Es entwickelt ein Grundverständnis darüber, dass es noch nicht alles, was es gerne wissen möchte, schon verstehen kann. … Das Kind macht Erfahrungen mit Sachverhalten aus der technischen Umwelt, lernt Technik sowie deren Funktionsweise in unterschiedlichen Formen kennen und erfährt die Bedeutung von technischen Geräten als Hilfsmitteln. … Zudem erwirbt es einen verantwortungsvollen, sachgerechten und sinnvollen Umgang mit Technologien und technischen Geräten.

Verantwortungsvoll und werteorientiert handelnde Kinder
(79-87)
Das Kind erhält die Möglichkeit, religiöse Erfahrungen zu sammeln und sich mit religiösen und ethischen Fragen auseinanderzusetzen. Es erfährt die christliche und humanistische Tradition, nach ethischen Grundsätzen zu handeln und religiöse und kulturelle Werte zu achten. … Gleichzeitig entwickelt es Achtung vor der Freiheit der Religionen, der

> Weltanschauungen, des Glaubens und des Gewissens. Es entwickelt eine Grundhaltung, die von Wertschätzung und Respekt vor anderen Menschen sowie von Achtung gegenüber der Natur und der Schöpfung geprägt ist. … Das Kind lernt, sich als Teil einer Gemeinschaft wahrzunehmen und sich entsprechend zu verhalten. … Es versteht sich als eigenständiges und wichtiges Mitglied einer erweiterten Gemeinschaft, die in größere Zusammenhänge gesellschaftlicher, kultureller und wirtschaftlicher Art eingebettet ist. Es lernt, diese Strukturen zu verstehen und sich in ihnen zu orientieren, aber auch sie nach seinen Möglichkeiten kritisch zu hinterfragen und aktiv mitzugestalten. … Das Kind erwirbt die Fähigkeit und Bereitschaft zur demokratischen Teilhabe. Es entwickelt sich zu einem autonomen und mündigen Staatsbürger, dessen Handeln auf demokratischen Werten basiert. … Das Kind lernt, Umwelt mit allen Sinnen zu erfahren und sie als unersetzlich, aber auch verletzbar wahrzunehmen. Es entwickelt ein ökologisches Verantwortungsgefühl und ist bemüht, auch in Zusammenarbeit mit anderen, die Umwelt zu schützen und sie auch noch für nachfolgende Generationen zu erhalten.

Erziehungspartnerschaften zum Wohl der Kinder

Zur Konsistenz des Bildungs- und Erziehungsplans gehört selbstverständlich die »Konsistenz im Bildungsverlauf und in der Bildungsorganisation« (88ff), denn:

> Eine unterschiedliche Organisation von Bildungsprozessen an verschiedenen Bildungsorten erschwert die optimale Nutzung der Lernfortschritte des Kindes. (89)

Unverzichtbar sei »die Moderierung von Bildungs- und Erziehungsprozessen«[28] – und diese »Moderierung« müs-

[28] Nicht ohne Stolz wird angemerkt: »Die Moderierung von

se bei den wichtigsten und ersten Erziehungspartnern beginnen, den kompetenten Kindern.

> Bildungsprozesse mit Kindern kooperativ gestalten (Ko-Konstruktion)
> Ko-Konstruktion als pädagogischer Ansatz heißt, dass Lernen durch Zusammenarbeit stattfindet, also von pädagogischen Bezugspersonen und Kindern gemeinsam konstruiert wird. Der Schlüssel der Ko-Konstruktion ist die soziale Interaktion, sie fördert die geistige, sprachliche und soziale Entwicklung. Das Kind lernt, indem es seine eigenen Ideen und sein Verständnis von der Welt zum Ausdruck bringt, sich mit anderen austauscht und Bedeutungen aushandelt. (89)

Fast zwingend folgt das »Bilden einer lernenden Gemeinschaft« (90) von Erwachsenen und Kindern. Das sei zwar »ein zeitaufwändiger und komplexer Prozess«, doch er lohne sich, denn:

> Mit der Bildung einer lernenden Gemeinschaft können pädagogische Bezugspersonen die Lernprozesse der Kinder auf vielerlei Weise unterstützen. Besonders das Gefühl der Zugehörigkeit kann bei Kindern Stress reduzieren und ihr Wohlbefinden fördern, ihre intrinsische Lernmotivation und ihr prosoziales Verhalten fördern, ihr Identitätsgefühl stärken, ihre Verhaltensregulation verbessern und ihr aktives Engagement und ihre Mitarbeit erhöhen. (90)

Damit sind dann auch schon die Voraussetzungen geschaffen für das »Philosophieren mit Kindern« (91):

> Durch Philosophieren, Nachfragen, Nachdenken, Konzeptbildung und Austausch von Ideen mit anderen werden Kinder zu einer kritisch nachfragenden Gemeinschaft, die demokratischen Prinzipien folgt. (91)

Bildungs- und Erziehungsprozessen ist erstmalig als Schwerpunkt in einem Bildungs- und Erziehungsplan enthalten.« (89)

Das verlangt kleine Lerngruppen, gut ausgestattete Lernräume und selbstverständlich Zeit, denn:

> Notwendig für das Gelingen des Philosophierens mit Kindern ist eine positive Gruppenatmosphäre, in der alle Ideen wertgeschätzt werden und genügend Zeit für intensiven Austausch ist. Weiterhin braucht es anregende Materialien, die das Interesse der Kinder wecken und ihr Verständnis erweitern sowie die Kunst der Fachkräfte, die Diskussion durch offene Fragen anzuregen. (91)

Das aber ist erst der Anfang, ein notwendiger, nicht aber ein hinreichender. Denn nicht nur die Bildungsprozesse müssen moderiert werden. Auch die Übergänge (Transitionen) bedürfen der »Moderierung und Bewältigung« (94ff).

Da gibt es den Übergang von der Familie in die Kindertageseinrichtung oder Kindertagespflege (97-99) und den in eine nachfolgende Kindertageseinrichtung (99-101); dann gibt es den von der Kindertageseinrichtung in die Grundschule (101-103) und schließlich den von der Grundschule in eine weiterführende Schule (103-105) – und hier wird überhaupt erst richtig deutlich, was mit »Erziehungspartnerschaft« gemeint und was von »Bildungspartnerschaft« erwartet wird:

> Alle Beteiligten verständigen sich auf Sinn und Inhalt dessen, was der Übergang für das Kind und seine Familie sowie die beteiligten Fach- und Lehrkräfte bzw. Tagespflegeeltern bedeutet. Nur durch Kommunikation und Einbezug des Kindes und aller Personen, die an seiner Bildung und Erziehung beteiligt sind, kann ein Kind dahin gelangen, dass es sich in einer neuen Umgebung wohl fühlt und die Bildungsangebote bestmöglich nutzen kann. (95)

Dass in diesem Zusammenhang die Eltern als unverzichtbare Erziehungspartner herangezogen werden müssen, liegt auf der Hand.

> Pflege und Erziehung des Kindes sind das natürliche Recht der Eltern und die zuvörderst ihnen obliegende Pflicht. Kinder erwerben in ihrer Familie Kompetenzen und Einstellungen, die für das ganze weitere Leben bedeutsam sind. Der Erwerb solcher Kompetenzen in der Familie bestimmt zu einem erheblichen Teil den Erfolg in Schule und Beruf. Kindertageseinrichtungen, Tagespflegeeltern und Schulen, aber auch Familienbildungsstätten und andere Institutionen der Erwachsenenbildung sollten daher die Eltern bei den in der Familie stattfindenden Lernprozessen unterstützen. (108)

Und weil Partnerschaft keine Einbahnstraße, sondern auf wechselseitige Unterstützung angewiesen ist, gelte auch:

> Da Eltern vorrangige Bezugspersonen und »Spezialisten« für ihr Kind sind, ist eine Zusammenarbeit mit Kindertageseinrichtungen und Schulen bei der Wahrnehmung ihrer Bildungs- und Erziehungsaufgaben notwendig. … Lehrerinnen und Lehrer sollten mit Eltern den jeweiligen Erziehungsauftrag gemeinsam ausgestalten … Im Rahmen der Zusammenarbeit zwischen Erzieherinnen und Erziehern, … Lehrerinnen und Lehrern einerseits und den Eltern andererseits gilt es eine Erziehungspartnerschaft anzustreben: Hier öffnen sich beide Seiten füreinander, tauschen ihre Erziehungsvorstellungen aus und kooperieren zum Wohl der Kinder. Bei einer partnerschaftlichen Zusammenarbeit findet das Kind ideale Entwicklungsbedingungen vor: Es erlebt, dass Familie … und Kindertageseinrichtung bzw. Schule eine positive Einstellung zueinander haben und (viel) voneinander wissen, dass beide Seiten gleichermaßen an seinem Wohl interessiert sind und sich ihm gegenüber erzieherisch ähnlich verhalten. (108)

Doch Eltern sind nicht nur Erziehungspartner, sondern

müssen auch Bildungspartner des öffentlichen Bildungssystems sein. Denn selbstverständlich weiß der Hessische Bildungs- und Erziehungsplan um den in Deutschland besonders engen Zusammenhang von familiärer Herkunft und Bildungserfolg der Kinder und Jugendlichen.

> Diese Erziehungspartnerschaft ist zu einer Bildungspartnerschaft auszubauen. Wie die Erziehung soll auch die Bildung zur gemeinsamen Aufgabe werden, die von beiden Seiten verantwortet wird. Wenn Eltern eingeladen werden, ihr Wissen, ihre Kompetenzen oder ihre Interessen in die Kindertageseinrichtung bzw. Schule einzubringen, erweitert sich das Bildungsangebot. Wenn Eltern mit Kindern diskutieren, in Kleingruppen oder Einzelgesprächen, bringen sie andere Sichtweisen und Förderperspektiven ein. Wenn Eltern Lerninhalte zu Hause aufgreifen und vertiefen, wird sich dies auf die kognitive Entwicklung und die Lernmotivation des Kindes positiv und nachhaltig auswirken. (109)

So sieht sich dann der Hessische Bildungs- und Erziehungsplan in allen seinen pädagogischen Zielen und Prinzipien auf hervorragende Weise der Erziehung zu demokratischen Bürgerinnen und Bürgern verpflichtet:

> Das Demokratieprinzip prägt das gesamte Bildungsgeschehen und trägt die Idee von »gelebter Alltagsdemokratie« in sich. … In Bildungseinrichtungen sind alle Partner: Kinder, Eltern, Fach- und Lehrkräfte, Träger und weitere Beteiligte. … Bildung und Erziehung sind ein auf Dialog ausgerichtetes Geschehen, in dem sich Kind und Erwachsene als Partnerinnen und Partner respektvoll begegnen. Erwachsene bringen dem Kind bedingungslose Wertschätzung entgegen und nehmen es in seinen Äußerungen und Gestaltungsmöglichkeiten ernst. Ihre Verantwortung zeichnet sich durch feinfühlige und liebevolle Zuwendung, klare Erwartungen, anregende Impulse, angemessene Unterstützung und reflektierende Beobachtung des Kindes aus. (32)

Und wie kommt der Plan zur Wirklichkeit?

Wie gesagt, der Hessische Bildungs- und Erziehungsplan beansprucht Verbindlichkeit für alle Ko-Konstrukteure der privaten und öffentlichen Erziehung und Bildung. Er will sie alle überzeugen und ist davon überzeugt, dass ihm dies auch gelingen kann. Schließlich stehen hinter ihm nicht nur die Fachautorität der Autoren und die politische Autorität einer Landesregierung! Er wurde darüber hinaus in aufwändigen demokratischen Aushandlungsprozessen überarbeitet und akzeptiert:

> Die Überarbeitung des Bildungs- und Erziehungsplans geschah wiederum unter Einbeziehung aller Lernorte in einem ko-konstruktiven Prozess. Dieser spiegelt die Bereitschaft aller Beteiligten wider, miteinander die frühkindliche Bildung in den Institutionen im Interesse unserer Kinder qualitativ weiter voranzubringen. (8)

Das mache ihn zum »institutionenübergreifenden Plan«, der »als solcher einzigartig in Deutschland« sei:

> Der Plan definiert Prinzipien, die für die Bildung und Erziehung von Kindern – vor dem Hintergrund heutiger Gesellschaftsbedingungen und Wissenschaftserkenntnisse – die Grundlage bilden. Er bindet alle Bildungsorte, die die Bildungsprozesse der Kinder begleiten, in der Weise ein, dass sie bei ihrer Bildungsarbeit diese Grundsätze berücksichtigen. Sie stellen eine gemeinsame philosophische Grundlage bis zum Ende der Grundschule dar. Der Plan richtet sich somit an alle Bildungsorte, die Bildungsprozesse von Kindern moderieren und mitgestalten, d. h. an Elternhaus, vorschulische Kindertageseinrichtungen und Grundschulen ebenso wie an Kindertagespflege, Kinderhorte, Einrichtungen der Familienbildung, Frühförder- und Erziehungsberatungsstellen, Bibliotheken, Vereine u. v. m. (34)

Ansonsten – also dort, wo argumentative Überzeugungskraft nicht reicht – gehört die Umsetzung des Plans in die Verantwortung der zuständigen Leitungen:

> Die Einrichtungs- bzw. Schulleitung hat die Aufgabe, ihre Einrichtungsteams entsprechend für die Umsetzung des Bildungs- und Erziehungsplans zu motivieren und sie dabei nachhaltig zu unterstützen. Hierzu gehört auch Steuerung und Vernetzung von Aktivitäten und ein Netzwerk zwischen den aufnehmenden und abgebenden Institutionen zu entwickeln. Dazu gehören Rahmenbedingungen, die die Selbstverantwortung, Eigeninitiative und Selbststeuerung der einzelnen Teammitglieder sowie ihre kommunikative, planerische und evaluative Kompetenz fördern. (111)

Das muss reichen – reicht zumindest einer positiven Pädagogik, die fest davon überzeugt zu sein scheint, dass sich die gesellschaftlichen Verhältnisse schon nach den guten pädagogischen Idealen richten werden, wenn sie nur hinreichend überzeugend und konsistent formuliert und kokonstruktiv und demokratisch ausgehandelt wurden.

Und doch nur pädagogischer Jargon

Mir ging es so beim Lesen dieses Plans: Überdruss und Ärger sammelten sich an. Nicht darüber, was da auf 150 Seiten in tausend Variationen ausgebreitet wird; wohl aber über das, was verschwiegen wird, was fehlt.

Denn dieser Plan ist gar kein Plan.

Er nennt sich nur so. Ziele werden formuliert, pädagogische Prinzipien und Grundsätze – doch alles Weitere bleibt ungesagt: Weder werden Zwischenziele und Umsetzungsschritte festgelegt, noch finden sich auch nur Ansätze einer Bestandsaufnahme – der vorhandenen Strukturen, Ressourcen und Kompetenzen, aber auch der Defizite des Hessischen Bildungssystems, der guten Bündnisgenossen und Parteigänger sowie der machtvollen Gegner mit ihren Interessen und nicht zuletzt der strukturellen, organisatorischen, personellen und finanziellen Voraussetzungen zur Verwirklichung des Ersonnenen.

Die Frage nach den »realen, politisch gesetzten, materiellen und strukturellen Rahmenbedingungen«[29] einer Reform der Hessischen Bildungspolitik taucht gar nicht erst auf; und mit Problemen, wie dem der chronischen Unterfinanzierung und personellen Unterbesetzung des Hessischen Bildungswesens, beschäftigt sich dieser »Plan« ebenfalls nicht; als wäre dies unter seinem Niveau, zu banal und seicht für die pädagogischen Höhenflüge. Das aber ist das Markenzeichen des pädagogischen *Jargons der Eigentlichkeit*.

> Weil es jedoch (dem Jargon) um den Menschen gehe und nicht, der Menschen wegen, um die von ihnen gemachten und gegen sie verhärteten Zustände, wird von deren Kritik entbunden, als wäre sie, zeitgebunden gleich ihrem Gegenstand, allzu seicht.[30]

Statt sich mit der »extrem hohen Selektivität des hessischen Schulwesens«, den »unzureichenden Arbeitsbedingungen in den Bildungseinrichtungen«[31] und anderen Niederungen auseinanderzusetzen, schwingt sich der Hessische Bildungs- und Erziehungsplan hinauf in die luf-

---

[29] GEW Hessen 2005.

[30] Theodor W. Adorno 1964: 53.

[31] GEW Hessen 2005.

tigen Höhen pädagogischer Ideale. Da oben dann lässt es sich gut schwärmen.

So ist dann wohl auch das hohe Lied des »Plans«, jedem Kind in Hessen von Anfang an die Förderung zu gewähren, die es für seine Entwicklung braucht – und kein einziges von ihnen zurückzulassen –, als pädagogischer Jargon zu verstehen. Und für diesen ist typisch, das, was sein sollte, also alle die schönen und fernen Ziele, gleich im Indikativ zu formulieren.[32] Der pädagogische Jargon liiert sich mit dem neudeutschen Jargon der Planung. Ein Beispiel unter zahllosen:

> Zugleich wurde Bildung neu konzeptualisiert: Bildung wird nunmehr als sozialer Prozess definiert, an dessen Gestaltung sich neben Fach- und Lehrkräften auch Kinder, deren Eltern und andere Erwachsene aktiv beteiligen. Sie vollzieht sich als ko-konstruktiver Prozess und ist gleichzeitig Sinn-Konstruktionsprozess, der zudem kontextuell eingebettet ist. (9)

Dem Jargon genügt es, Bildung neu zu konzeptualisieren, und schon, im gleichen Atemzug, vollziehe sie sich als ko-konstruktiver Prozess! Das ist nicht neu, es ist der altbekannte pädagogische Idealismus, die genauso altbekannte maßlose Selbstüberschätzung der pädagogischen Wissenschaften, die Größenfantasie einer schwierigen und vielfach entwerteten akademischen Disziplin. *Sisyphos – oder die Grenzen der Erziehung*[33] – wer kennt das noch? Hier, im Hessischen Bildungs- und Erziehungsplan gilt: Da denkt man sich was aus, da konzeptualisiert man was aufs Neue – und schon wird das Wort zur Tat, der Gedanke zur Wirklichkeit:

---

[32] Nach Theodor W. Adorno ebenfalls Kennzeichen des Jargons der Eigentlichkeit, a. a. O.: 72.

[33] Siegfried Bernfeld 1967.

> Hessen legt einen Bildungs- und Erziehungsplan von hoher Konsistenz in den Grundlagen, den Bildungszielen und im Bildungsverlauf vor, der Angebote der Jugendhilfe mit Bildungsangeboten verbindet und alle Lernorte mit einbezieht, an denen Bildung und Erziehung von Kindern stattfinden. Das Verhältnis zwischen Familie und Bildungsinstitution wird im Sinne einer Bildungs- und Erziehungspartnerschaft definiert. (9)

Halluzinatorische Wunscherfüllung und magisches Denken gehören ins frühkindliche Stadium des primären Narzissmus: doch der pädagogische Jargon beherrscht diese Kunst auch: Das meinte wohl Th. W. Adorno als er von der »Himmelfahrt des Wortes über den Bereich des Tatsächlichen, Bedingten und Anfechtbaren hinaus«[34] sprach, die im Jargon der Eigentlichkeit permanent veranstaltet wird.

Welch ein Glaube an die Macht des Wortes, das Berge versetzen, Kinder in den Mittelpunkt von öffentlicher Bildung und Erziehung rücken, Schule und Jugendhilfe zur Kooperation bringen, alle Lernorte verbinden und allenthalben Bildungs- und Erziehungspartnerschaften gründen kann! Dass vielleicht Gedanke, Plan und Wort nicht hinreichen könnten – undenkbar für alle, die positiv denken. Und das sollte man schon, wenn man Pädagoge ist und endlich gelernt hat, sich nicht an Problemen, Konflikten und Defiziten, sondern an Kompetenzen und Ressourcen zu orientieren: »Im Lob der Positivität sind alle des Jargons Kundigen … miteinander einig.«[35]

> Dadurch, dass der Bildungs- und Erziehungsplan auf die Stärkung kindlicher Entwicklung und auf die Moderierung kindlicher Lernprozesse fokussiert, tritt das Kind und nicht

---

[34] Theodor W. Adorno 1964: 13.

[35] Ebd.: 22.

> allein die Institution in den Mittelpunkt. Kindertageseinrichtung und Grundschule werden aufgefordert, die gleichen Grundsätze und Prinzipien anzuwenden, wenn es um Bildung und Erziehung von Kindern geht. … Die Kontinuität in den Grundlagen wird erreicht durch die Konzentration auf individuumsbezogene Kompetenzen und Ressourcen sowie auf solche Kompetenzen, die ein verantwortungsvolles Handeln im sozialen Kontext ermöglichen. … Die Stärkung lernmethodischer Kompetenz sowie die Entwicklung von Widerstandsfähigkeit (Resilienz), die Kinder befähigt, mit Veränderungen und mit Belastungen angemessen umzugehen, sind zentrale Aufgaben sowohl der Kindertageseinrichtungen als auch der Grundschulen. (10)

Da sind sie nun alle versammelt – die Glasperlen des pädagogischen Idealismus: Da muss man nur – im Plan – aufs Kind fokussieren, schon steht es auch im Mittelpunkt. Da muss man nur – im Plan – sich auf die Kompetenzen und Ressourcen der Kinder konzentrieren, schon können Kindertagesstätten und Grundschulen kooperieren. Wen kümmert es *dort oben* im Reich der Ideale, dass die Verhältnisse *hier unten* auf Erden so nicht sind. Und das, was von diesen Verhältnissen aus luftiger Höhe wahrgenommen wird, erscheint so harmlos, dass der Gedanke an mögliche und notwendige Veränderung gar nicht erst auftaucht. Tauchte er auf, hätte Pädagogik noch ganz andere Probleme: beispielsweise wie der Widerstand (Resistenz statt Resilienz) des pädagogischen Personals gegen die Rahmenbedingungen seiner Arbeit gestärkt und organisiert werden kann. Doch von Widerstand will der Jargon nichts wissen, so wenig wie von den gesellschaftlichen Verhältnissen, die ihn notwendig machen.

Statt planen: verharmlosen, verleugnen, schönreden

Der Skandal dieses Hessischen Bildungs- und Erziehungsplans liegt, wie gesagt, in dem, was er verschweigt, was ihm fehlt. Als hätte es 150 Jahre kritische Sozialwissenschaften nicht gegeben, als hätte eine 150 Jahre andauernde und immer wieder an den gesellschaftlichen Verhältnissen gescheiterte Bildungsreformpolitik nie stattgefunden, als reiche es in einer Gesellschaft wie der unseren, hehre, gute, humane Erziehungs- und Bildungsziele zu formulieren, sie in ein »konsistentes« Konzept von Bildung und Erziehung zu bringen: und schon werden alle Menschen guten Willens – und andere gibt es ja nicht! – sich an die Arbeit machen, diesen schönen Plan umzusetzen!

Der Skandal also liegt in der – selbst- oder fremdverordneten – Realitätsblindheit: Hier wird nicht geplant, sondern verleugnet, verharmlost und schöngeredet. Und Vehikel dieses Geschäfts ist der allgegenwärtige Ressourcen-Ansatz. Der »Himmelfahrt des Wortes« im Jargon der Eigentlichkeit folgt die Himmelfahrt der irdischen Verhältnisse auf den Fuß. Dies ist nach Theodor W. Adorno dann ja auch die Funktion des Jargons:

> Seine Blasen lassen das wahre Objekt des Leidens verschwinden, die bestimmte gesellschaftliche Verfassung.[36]

Der zum System aufgeblähte Ressourcen-Ansatz bleibt strikt beim »Positiven«. Stets dient er der Bestätigung und Legitimation der herrschenden Verhältnisse. Deshalb können auch die beiden Hessischen Ministerinnen diesem Plan ihren Segen geben. Zwar steht die eine von ihnen für einen beispiellosen sozialpolitischen Kahlschlag

---

[36] Ebd.: 42f.

auf Landesebene – und natürlich für den exzessiven Auf- und Ausbau prekärer Beschäftigungsverhältnisse und eines Niedrigstlohnsektors; und die andere für geplanten Vandalismus im hessischen Schulsystem, der sogar traditionelle CDU-Wähler verschreckte und zur – zumindest vorübergehenden – Abwahl der Regierung Koch beitrug. Doch das ist kein Thema, vor allem: kein Widerspruch im Himmel des pädagogischen Wolkenkuckucksheims. Und wer mag da oben gerne aus dem Fenster blicken – hinunter in die Realität bundesdeutscher Bildung und Erziehung!? Das macht keine gute Laune und verdirbt nur das positive Denken. Dort oben wird das Lied der kompetenten Kinder gesungen, hier unten hört man Missgestimmteres:[37]

> *Explosives Klima*
> Auf je einen Schulpsychologen kommen beispielsweise in Hessen 12.293 Schüler und Schülerinnen. Angesichts solcher Zahlen schlägt der Bundesverband der Psychologinnen und Psychologen Alarm. Er macht auf eine Vielzahl von Gefährdungen aufmerksam, denen die Jugendlichen ausgesetzt sind. Mehr als 2,5 Millionen Kinder und Jugendliche leben in Armut, werden aber täglich mit Reichtum und Überfluss konfrontiert. Bis zu fünf Prozent der Schülerinnen und Schüler bleiben jedes Jahr sitzen, rund acht Prozent erreichen keinen Hauptschulabschluss. »Motivationsverlust und mangelndes Vertrauen machen sich oft in der Schule Luft«, warnt der Verband.

Im Wolkenkuckucksheim des pädagogischen Jargons schwärmt man von ganzheitlichem Lernen.[38] Hier unten geht es bitter zu:

---

[37] Die folgenden »Blicke« hinaus und hinunter stammen alle aus der Frankfurter Rundschau (FR) vom 9. 9. 2008.

[38] HBuEP 2007: 26.

Viele Schüler stehen unter Druck, sind angespannt und aggressiv

Herr Kinder, Erziehungsberater, ist sicher: »Psychische und soziale Probleme treten zunehmend aufgrund krisenhafter gesellschaftlicher Entwicklung und brüchiger Familienstrukturen auf«. ... Ursache für die Verschärfung der Lage ist seiner Einschätzung nach nicht nur die Perspektivlosigkeit vieler Jugendlicher. ... Viele Kinder fänden heute kaum noch Zeit, sich beim Sport auszutoben oder Freundschaften zu pflegen. »Da staut sich was auf«, fürchtet Kinder. Er sieht insbesondere im hohen Leistungsdruck für Kinder in einer entscheidenden Lebensphase, nämlich zwischen dem 11. und 15. Lebensjahr, »viel Sprengstoff«. Die Folgen seien steigende Nervosität, Aggressivität und sinkende Leistungsfähigkeit. Die wiederum »bekämpfen« Eltern zunehmend durch den Einsatz von Medikamenten und Nachhilfeunterricht. Und das bereits im Grundschulalter ihrer Kinder.«

Davon weiß man über den Wolken nichts – will's auch nicht wissen. Dort oben fühlen sich Kinder »sicher und geborgen«, verhalten sich erwachsene Bezugspersonen gegenüber dem Kind »feinfühlig« und respektieren »zugleich die Autonomie des Kindes«; kurz: werden den »Kindern die bestmöglichen Lern- und Entwicklungschancen« geboten.[39] »Du sollst nicht merken!« – im Wolkenkuckucksheim kann man das – hier unten wird sehr handfest »gemerkt«:

Explosives Klima – 26 Prozent aller Lehrer gehen vorzeitig in Pension

Im gleichen Dilemma stecken die Lehrer. In ihrer Ausbildung wurden sie auf die Bewältigung sozialer und psychischer Probleme kaum vorbereitet. ... Bundesweit gehen 26 Prozent aller Lehrer vor der Altersgrenze in Pension, rund die Hälfte wegen psychischer Probleme.

---

[39] HBuEP 2007: 27.

Stefan Drewes vom Bundesverband Deutscher Psychologen: Die Anforderungen an die Lehrer werden immer größer. Sie arbeiten Tag für Tag mit Kindern zusammen, denen oft Zukunftsperspektiven und damit Lernmotivation fehlen. Sie arbeiten mit lernschwachen, unter Leistungsdruck oder Mobbing stehenden Jugendlichen und solchen, die in schwierigen Familienverhältnissen leben. Sie stehen vor einer manchmal schier unlösbaren Aufgabe, diese Kinder pädagogisch zu unterstützen.«

Im Himmel pädagogischer Ideale bietet Schule den Kindern »Freiraum für entdeckendes Lernen« und ermöglicht »in einem entspannten Lernklima« das optimale Gedeihen von »Lernen, Selbständigkeit und Kreativität«[40]. Der böse Blick zum Fenster hinaus und hinunter verdirbt die Stimmung:

Explosives Klima
Angesichts viel zu großer Klassen sei es schlicht nicht möglich, sich intensiv um alle zu kümmern, sagt der Leiter des … Gymnasiums … In diesem Schuljahr konnte er nicht verhindern, dass sich in einem Kurs 36 Kinder ein 43 Quadratmeter großes Klassenzimmer teilen müssen. Es schwingt Sarkasmus in seiner Stimme, wenn er festhält: »Bei Hühnern wäre das verboten.«

Doch Sarkasmus hat keinen Platz im Geschäft des pädagogischen Jargons. Dort geht's zu nach dem Motto: *Gesagt-getan!* »Kinder brauchen Bewegung und Abwechslung. Täglich ausreichend Bewegung ist von essentieller Bedeutung für Lernen und Entwicklung.«[41] Ein Blick hinunter in die Niederungen des Rhein-Main-Ballungszentrums kann da nur als Miesmacherei gesehen werden:

---

40 Ebd.: 28.
41 Ebd.: 29.

Arme Kinder müssen zu Hause bleiben
Kinder aus einkommensschwachen Familien müssen offenbar immer häufiger bei Klassenfahrten zu Hause bleiben. Das berichtete der Personalrat der Lehrer. »Zunehmend sind wir mit dem Problem konfrontiert, dass nur ein Teil der Klasse an der Fahrt teilnimmt und so das Bildungs- und Erziehungsziel völlig in Frage gestellt ist«, heißt es in einer Erklärung. Der Personalrat verweist darauf, dass laut Erlass des Kultusministeriums Klassenfahrten »wichtige Elemente des Bildungs- und Erziehungsauftrages der Schulen« seien. … Personalrat und Arbeitsgemeinschaft sozialdemokratischer Frauen appellieren an den Magistrat, die Mittel im bereits leeren Fördertopf für 2008 (90.000 Euro) zu erhöhen.

Die Himmelfahrt des Ressourcen-Ansatzes

Wenn in diesem Hessischen Bildungs- und Erziehungsplan vorsichtige Hinweise zu finden sind auf Armut, soziale Ungerechtigkeit, auf Diskriminierung und ungleiche Start- und Bildungschancen – so selten, wie es geschieht, so harmlos, wie es dann klingt: es sind kaum mehr als kleine Schönheitsflecken an der Oberfläche der besten aller denkbaren Gesellschaften![42]

Kein Wort findet sich darüber, dass bei kontinuierlich wachsendem gesellschaftlichen Reichtum der Wohlstand für alle seit Jahren in Deutschland sinkt; dass Reichtum und Wirtschaftswachstum auf der einen Seite und gesellschaftliche Wohlfahrt auf der anderen Seite sich in diesem Land seit Jahrzehnten auseinander entwickeln; dass eine

---

[42] Zahlreich sind die Stellen, an denen schwierigste Konflikte und jämmerlichstes Elend zu »Herausforderungen« aufgeputzt werden.

Politik der realen Ausgrenzung und der sozialen Spaltung seit Jahren in Deutschland an Einfluss und Raum gewinnt: in den Systemen der sozialen Sicherung, im Beschäftigungssystem und nicht zuletzt in den Bildungssystemen. Dort oben über den Wolken gibt es keine Armut und Massenarbeitslosigkeit, keine Verelendung von Migranten und Hartz IV-Abhängigen, keine zu kleinen, feuchten Wohnungen, keine zerstörten Familien, kein Alkoholismus, keine Verwahrlosung, keine chronischen Ängste und Fremdheitsgefühle, kein Missbrauch von Kindern, keine Gewalt in den Familien.

Und kein Wort findet sich darüber, dass in diesem unseren Land schon lange nicht mehr pädagogische Fachleute über Bildung und Erziehung entscheiden, sondern Politiker – und das in der Regel nach Kriterien der Senkung von Kosten, der Erhöhung von Kontrolle und der Sicherung sozialer Privilegien der selbsternannten gesellschaftlichen Eliten. Hessen vorn!

Die politisch-gesellschaftliche Nützlichkeit des pädagogischen Jargons liegt in seiner Blindheit gegenüber den *Grenzen der Erziehung*, die durch eben jene »bestimmte gesellschaftliche Verfassung« gesetzt sind – und die durchs Verleugnen geschützt werden sollen. Das ist die Komplizenschaft des Jargons mit der schlechten Wirklichkeit.

> Durchweg schmuggelt die Logik des Jargons Beschränktes, schließlich materielle Mangelsituationen als Positivität ein und wirbt für ihre Verewigung in dem Augenblick, in dem, nach dem Stand der menschlichen Kräfte, solche Beschränkung real nicht mehr sein müsste. Geist, der sie zu seiner Sache macht, verdingt sich als Lakai des Übels.[43]

Solange diese Grenzen gewahrt bleiben, hat der päda-

---

[43] Theodor W. Adorno 1964: 25f.

gogische Idealismus freie Hand – auch in Hessen: So ziemlich alle ehrenwerten pädagogischen Grundsätze und Prinzipien der letzten 150 Jahre werden im Hessischen Bildungs- und Erziehungsplan versammelt. Eigentlich hat es der Theorie und Praxis von Bildung und Erziehung *daran* nie wirklich gemangelt. Und ob der Hessische Bildungs- und Erziehungsplan diesen Kanon nun so viel konsistenter und überzeugender vorträgt als alle seine Vorgänger, mögen andere entscheiden. Was heute aber notwendig wäre, muss der pädagogische Jargon um jeden Preis vermeiden: sich darüber Gedanken zu machen, woran es eigentlich gelegen haben mag und vielleicht auch weiterhin liegen wird, dass die Ideen so gar nicht zur Wirklichkeit kommen. Hier nämlich würde die Gemütlichkeit aufhören und das »positive Denken« an seine Grenze stoßen.

Um wie viel leichter lässt es sich »planen« unter den Prämissen eines konsequenten Ressourcen-Ansatzes, der von Grenzen und Defiziten nichts wissen will. Der Hessische Bildungs- und Erziehungsplan folgt ziemlich genau dieser pädagogischen Berufsideologie: Den individuellen Ressourcen und Kompetenzen der Kinder und ihrer Familien korrespondieren aufs Vortrefflichste die Ressourcen und Kompetenzen der Professionellen im öffentlichen Erziehungs- und Bildungssystem; und alle diese kompetenten und willigen Erziehungspartnerschaften sind eingebettet in eine freie und humane Welt. Gesellschaft, Demokratie und Wirtschaft sind wohl geordnet, will sagen: zum Wohl der Kinder geordnet. In *dieser* Welt kennt man das Böse, Destruktive, Diskriminierende, Entwertende, Missbrauchende, Beängstigende nicht.

So spricht der Hessische Bildungs- und Erziehungsplan durchweg weihevoll von »dem Menschen«, »dem Kind«, »den kompetenten Erziehungspartnern« so, als seien die realen Unterschiede hier ohne Bedeutung, als spielten soziale Ungleichheit, ökonomische Abhängigkeit und ethnische Diskriminierung angesichts des »Menschseins« keine Rolle. Das kennzeichnet nach Theodor W. Adorno den Jargon als Ideologie:

> Ideologie aber ist solche Allmenschlichkeit – Fratze der Gleichheit dessen, was Menschenantlitz trägt – deshalb, weil sie die ungemilderten Unterschiede gesellschaftlicher Macht, die von Hunger und Überfluss, von Geist und fügsamem Schwachsinn an den Menschen unterschlägt. … Keine Erhöhung des Begriffs vom Menschen vermöchte etwas gegen seine tatsächliche Erniedrigung ..., sondern bloß die Änderung der Bedingungen, die es dahin brachten und die unablässig weiter sich reproduzieren.[44]

Der pädagogische Jargon muss das »Kind als kompetenten und aktiven Bewältiger seiner Entwicklungsaufgaben« maßlos und gegen alle Realität aufblähen, damit die Verhältnisse nicht zum Thema werden, denen Kinder ihre »Schwächen, Probleme und Risikofaktoren« und damit – nicht selten – das Scheitern an ihren Entwicklungsaufgaben zu verdanken haben: Resilienz statt Resistenz! Und ganz nebenbei wird die nachträgliche »pädagogische« Legitimation für den bildungspolitischen Kahlschlag der zurückliegenden Jahrzehnte geliefert: die Liquidierung (hier: Überwindung) von Förderprogrammen und kompensatorischen Bildungs- und Erziehungskonzepten für benachteiligte, also: über nur geringe Resilienz verfügende Kinder. Alles das ist überflüssig geworden dank des endgültigen Ressourcen-Ansatzes:

> Dieser Blickwinkel eröffnet die Chance, gegebenenfalls noch bestehende defizitorientierte Ansätze, die primär an den

---

44 Ebd.: 57ff.

> Schwächen, Problemen und Risikofaktoren des Kindes ansetzen und auf Förderung und Ausgleich abzielen, zu überwinden und ressourcen- bzw. kompetenzorientierte Ansätze in den Vordergrund zu rücken. Ressourcenorientierte Ansätze stellen die Stärken eines Kindes in den Mittelpunkt und begreifen das Kind als kompetenten und aktiven Bewältiger seiner Entwicklungsaufgaben. (44)

So wird dann in zahllosen Varianten das starke, das resiliente, das kompetente Kind beschworen, Philosoph und Forscher, Entdecker und Experte – kurz: erster und wichtigster Erziehungspartner der eigenen Bildung und Erziehung.

Der Himmelfahrt des Kindes schließt sich bruchlos die seiner Familie an, die dem Ressourcen-Ansatz umstandslos zur »heiligen Familie« gerät. So wie im pädagogischen Jargon Kinder nicht vernachlässigt, verwahrlost, missbraucht, überfordert, verletzt oder desorientiert sind, sondern die wahren »Experten« ihrer Wünsche und Interessen, ihrer Weltsicht und Lebenslage, so sind auch ihre Eltern nicht arbeitslos oder unterbezahlt, verängstigt, verunsichert, getrennt, missbraucht, diskriminiert, hilflos oder überfordert, sondern »Spezialisten« für ihre Kinder und für die Professionellen der öffentlichen Bildung und Erziehung kompetente Erziehungspartner. Bei all dem Schwärmen möchte man – und soll man wohl auch – vergessen, in welcher Welt die meisten Kinder aufwachsen müssen: eine gewalttätige, verlogene, kinderfeindliche, lieblose Welt, eine Gesellschaft mit chronischer Massenarbeitslosigkeit bei obszöner Anhäufung privaten Reichtums.

Und selbstverständlich findet im Jargon auch die Himmelfahrt der Professionellen statt. Dort »oben« sind dann die Alltagserfahrungen von Erziehern und Lehrern mit schwierigen Kindern und Jugendlichen vergessen; kein Wort über die immer wieder geforderten, selten versuchten und noch seltener geglückten Bemühungen von Schule und Jugendhilfe, verlässliche und belastbare Arbeitsbündnisse mit den Eltern und Familien der Kinder aufzubauen; und kein Wort darüber, dass die Familien schwieriger Kinder und Jugendlicher eher Teil des Problems als dessen Lösung sind; kein Thema die vergeblichen Bemühungen engagierter Erzieher, wenigstens hier oder dort und wenigstens für kurze Zeit so etwas wie kollegiale, interdisziplinäre oder gar interinstitutionelle Kooperation herzustellen und am Leben zu halten; und kein Thema die ebenso zahllosen wie folgenlosen Tagungen, Konferenzen, Initiativen und Modellversuche, um die Zusammenarbeit von Schule und Jugendhilfe zu ermöglichen und zu stabilisieren; kein Wort über das alltägliche Kreuz überlasteter Lehrer- und Erzieherinnen, zu großer Lerngruppen, zu voll gepackter Bildungspläne. Und vor allem: Kein Wort über die realen Arbeitsbedingungen im öffentlichen System von Bildung und Erziehung. Das war schon immer die »Stärke« der bürgerlichen Reflexion und ist es offensichtlich bis heute: Die Beschäftigten und ihre Produktionsstätten kommen nicht vor. Deshalb auch nicht die realen Bedingungen von Konstruktion und Produktion, Verzeihung, von Ko-Konstruktion und Ko-Produktion! Diese systematische De-Thematisierung von Arbeits- und Produktionsprozessen – angefangen bei der Qualifikation und Qualifizierung des Personals, über die Beschreibung der Arbeitsvollzüge, der Instrumente und der Zeitstrukturen bis hin zu so ordinären Fragen wie nach den notwendigen finanziellen Mitteln der Produktion und wer darüber entscheidet – ist geradezu Grundvoraussetzung des Jargons beim »Bau« eines hübschen pädagogischen Wolkenkuckucksheims.

Wer mag da noch an *das Elend der Welt*[45] denken bei soviel selbstverliebter und selbstvergessener pädagogischer Ko-Konstruktion.

Das Hohe Lied von der Bildungs- und Erziehungspartnerschaft des Hessischen Bildungs- und Erziehungsplans wird im Wolkenkuckucksheim hehrer pädagogischer Ideale ko-konstruktiv gesungen – und ist zu tiefst verlogen. Dort oben im Wolkenkuckucksheim gibt es keine überfüllten Kindergarten- oder Kindertagesstättengruppen, keine hoffnungslos überforderten Erzieherinnen, keine chronischen Mängel im örtlichen Feld therapeutischer und sozialer Hilfen, keine überfüllten Klassen und natürlich auch keine Lehrerinnen, die am Rande ihrer Belastbarkeit arbeiten.

Nein – hier oben im Wolkenkuckucksheim der Ko-Konstrukteure verfügen scheinbar alle über alle Kompetenzen und Ressourcen und natürlich auch über die Bereitschaft, alles zum Wohle der Kinder zu tun.

Die sozialstaatliche Verpflichtung, über das Bildungssystem soziale Ungleichheit von Chancen und Startbedingungen zu kompensieren und die dafür notwendigen Ressourcen und Kompetenzen bereitzustellen, versinkt im *Jargon der Eigentlichkeit.* Dort gilt als schon realisiert, was doch nur mit langem Atem und nicht ohne harte soziale Konflikte zu erreichen wäre. Die Himmelfahrt einer überaus mangelhaften Demokratie ist das oberste Geschäft des Jargons:

> Das Demokratieprinzip prägt das gesamte Bildungsgeschehen und trägt die Idee von »gelebter Alltagsdemokratie« in sich. Es basiert auf einer Kultur der Begegnung, die demokratischen Grundsätzen folgt, und damit auf Partnerschaft

45 Pierre Bourdieu 1997.

> und Kooperation. Wenn das Bildungsgeschehen zugleich eine ko-konstruktive Orientierung erfährt, vereint sich diese Kultur der Begegnung mit einer Kultur des Lernens, die auf das Wohlbefinden und das Engagement aller Akteure setzt. Partnerschaft gründet auf Gegenseitigkeit, Gleichberechtigung und Wertschätzung. Sie bedeutet, sich auf gleicher Augenhöhe respektvoll zu begegnen und als Partnerinnen und Partner zusammenzuwirken, denn jeder hat besondere Stärken und kann etwas einbringen. (32)

Wer wagt hier noch, von einer familien- und kinderfeindlichen Gesellschaft zu reden?! Diese fette Suppe des pädagogischen Jargons im Indikativ kleistert alles zu mit ihren rosaroten Farben: alles was hässlich, gemein, ungerecht, erniedrigend und beschämend ist.

Was also fehlt diesem Hessischen Bildungs- und Erziehungsplan? Nun, alles, was ein Plan haben müsste, dem es um eine wirkliche Reform des Bildungs- und Erziehungssystems geht: eine genaue Identifizierung der Grenzen öffentlicher Erziehung, eine kritische Auseinandersetzung mit diesen Grenzen, und eine realistische Analyse der Bedingungen und Möglichkeiten, diese Grenzen zu verschieben – im Interesse einer humaneren Bildungs- und Erziehungspolitik. Und fast zwingend schlösse sich die Frage an, wie die Fähigkeit und die Bereitschaft der Professionellen in diesem Feld zu Widerstand und Konflikt gestärkt werden könnten. Nichts aber liegt dem Hessischen Bildungs- und Erziehungsplan ferner und wenigstens an dieser einen Stelle ist er, wenn auch unfreiwillig, offen und ehrlich:

> Der Hessische Bildungs- und Erziehungsplan … setzt die Entwicklungen in der vorschulischen und schulischen Bildungspolitik in Hessen konsequent … fort (19)

Kuckuck oder Grasmücke?

Wozu aber die Aufregung und warum die Polemik? Schadet der Hessische Bildungs- und Erziehungsplan denn irgendjemandem? Ist es nicht heute, wo aus alten Ecken und Nischen die schwarze Pädagogik erneut hervorkriecht, schon lobenswert, wenn die hehren und guten Reformziele einer humanen Pädagogik wieder Anerkennung finden?

Ohne Zweifel ist es das, was den Hessischen Bildungs- und Erziehungsplan sympathisch machen kann: vom ersten bis zum letzten Satz ist er geprägt von Respekt und Anerkennung – gegenüber den Kindern, ihren Eltern, den Erzieherinnen und Erziehern, den Lehrerinnen und Lehrern; aber auch gegenüber allen »Anderen«, den Armen, den Arbeitslosen, den Migranten, den Behinderten, Benachteiligten, Gestörten. Um Respekt und Anerkennung geht es ihm in seinen Prinzipien einer konsistenten privaten und öffentlichen Bildung und Erziehung – und darin ist er sich einig mit dem Ressourcen-Ansatz – eine *Pädagogik der positiven Anerkennung*.

Dass eine solche Pädagogik den Zeitgeist bedient, bleibt ihr verborgen. So kann sie sich sogar als Reformpädagogik begreifen – oder missverstehen. Und das in grandioser Weise. Denn bekämpft sie nicht entschlossen und konzentriert das, was heute in allen westlichen Gesellschaften als das zentrale soziale Übel angesehen wird: Diskriminierung und Vorurteile!? Und bekämpft sie dieses Übel nicht »an der Wurzel«, nämlich durch *Bildung von Anfang an!?*[46] Und wenn Pädagogik deshalb zum ersten und wichtigsten Motor gesellschaftlicher Reform wird, ist

---

[46] So der Titel des HBuEP.

das enorme Selbstbewusstsein des Hessischen Bildungs- und Erziehungsplans dann nicht auch berechtigt!?

Dass ich hier meine Zweifel habe, dürfte nicht verwundern und um die wird es im Folgenden gehen. Ein Blick auf den Zeitgeist zunächst:

> Heute erwartet man von uns, dass wir den Armen mehr Respekt bezeugen und aufhören, sie als Opfer zu behandeln. Sie als Opfer zu behandeln, wäre nämlich Herablassung und Verleugnung ihrer Individualität. Wenn wir also zu der Überzeugung gelangen, dass es den Armen nicht an Geld, sondern an Anerkennung und Respekt fehlt, dann ist nicht mehr die Armut, sondern unsere Einstellung gegenüber den Armen das Problem. … Der Trick besteht also darin, dass die Ungleichheit als Folge unserer Vorurteile angesehen wird und nicht mehr als Grundproblem unseres Gesellschaftssystems. Das Ziel einer Gesellschaft mit mehr Gleichheit wird also durch das Ziel ersetzt, die Individuen dazu zu bringen, auf Rassismus, Sexismus, Klassendiskriminierung und Ausländerfeindlichkeit zu verzichten. … Respekt für die Menschen – für ihre Kultur, ihre Geschichte, ihre Sexualität, ihren Kleidungsgeschmack und so weiter – zu bezeugen, ist wesentlich billiger, als ihnen einen ordentlichen Lohn zu zahlen.[47]

Ein paar einfache Gedanken im Anschluss – zwei rhetorische Fragen: Bekämpfe ich Armut, wenn ich mich gegen die Diskriminierung der Armen wende; Arbeitslosigkeit, wenn ich Respekt für die Arbeitslosen fordere; Missbrauch, wenn ich Achtung für die Missbrauchten einklage; Missachtung, wenn ich Anerkennung den Missachteten gewähre? Oder muss ich davon ausgehen, dass in unserer Gesellschaft das Verständnis von sozialer Gerechtigkeit, menschlicher Würde und politischen Reformen längst schon korrumpiert ist – und die wohlfeilen öffentlichen

---

[47] Walter B. Michaels 2009.

und privaten Bemühungen gegen Diskriminierung und Vorurteile, gegen Sexismus und Rassismus *an die Stelle* des Kampfs gegen die ungerechten, würdelosen, verletzenden, missachtenden sozialen Verhältnisse getreten sind?

Offensichtlich ist es heute notwendig, einige triviale Tatsachen wieder zu benennen: dass Ausgrenzung, Diskriminierung, Missachtung und Vorurteilsbereitschaft tief verwurzelt sind in realer sozialer Ungleichheit, in wirklicher gesellschaftlicher Benachteiligung, in objektiver Abhängigkeit und in tatsächlichem Missbrauch.

Der Kampf gegen Diskriminierung und Vorurteile ist deshalb nicht mehr als ein erster Schritt auf dem Weg zur Bekämpfung der gesellschaftlichen Verhältnisse, die Diskriminierung und Vorurteile erzeugen; ein notwendiger erster Schritt, dem Widerstand gegen Armut, soziale Ungleichheit, ökonomische Abhängigkeit und Herrschaft von Menschen über Menschen folgen muss. Eine Politik, die sich gegen Missachtung erklärt, ohne den Missbrauch zu bekämpfen, die sich gegen die Diskriminierung von Armen und Arbeitslosen wendet, ohne die Armut und die Arbeitslosigkeit zu bekämpfen, muss nicht nur scheitern. Schlimmer noch: sie dient der Legitimation der inhumanen Verhältnisse. Und eine *Pädagogik der positiven Anerkennung* macht sich zum Komplizen dieser Politik.

Pädagogik im Wolkenkuckucksheim. Rührend ist es, kleinen Kindern und ihren Eltern zuzuschauen, wenn sie »Kuckuck« spielen: Die Hände vor die Augen halten. Ich bin weg – und – ich bin wieder da! Mama ist weg – und – Mama ist wieder da. Kuckuck! Und rührend und liebenswert ist er selbst, der Kuckuck, der den Frühling einläutet. Da gehen die Herzen auf und Liebespaare lauschen verzückt und küssen sich.

Wenn Kinderfreundlichkeit an der Vollmundigkeit des Kinderlobs zu messen wäre – der Hessische Bildungs- und Erziehungsplan bekäme sicher den ersten Preis. Doch unser böser Blick sieht hinter dem idealen Bild vom Kind und seinen Erziehungspartnern, das hier gezeichnet wird, *die verborgene, gleichwohl reale Drohung.* Gegen alle jene, die diesem Bild so gar nicht entsprechen wollen oder können: die Kinder, die sich wehren oder verweigern, deren Eltern, die ihren Erziehungspflichten nicht hinreichend nachkommen wollen oder können und schließlich auch die Erzieherinnen und Lehrerinnen, die mit solchen nicht entsprechenden Kindern und unpassenden Eltern in ihren unzureichenden Einrichtungen arbeiten müssen oder wollen.

Was nämlich, wenn massenhaft kindliche Lern- und Bildungsprozesse entgleisen? Was, wenn die erwachsenen Ko-Konstrukteure in Familie, Nachbarschaft, Kindergarten, Hort oder Grundschule wesentlich die Verantwortung für derartige Entgleisungen haben, nicht aber die Ressourcen, dieser Verantwortung gerecht zu werden? Kurz: Was, wenn immer mehr Kinder ihre Ressourcen brauchen und verbrauchen, um sich gegen die kinderfeindlichen Zumutungen und Anforderungen der Verhältnisse, denen sie ausgesetzt sind, zu schützen!?

Pädagogik im Wolkenkuckucksheim: Kinder und Verliebte dürfen dem Ruf des Kuckucks begeistert oder berührt lauschen. Zu Recht haben sie anderes im Kopf als den Blick hinter die Kulissen. Wir sollten das eine tun, ohne das andere zu lassen. Das Hessische Wolkenkuckucksheim hat schließlich auch einen Erbauer: Das ist Prof. Dr. Dr. Dr. Wassilios E. Fthenakis. Bei ihm lagen *Konzeption, Leitung und fachliche Gesamtverantwortung,* er war *Leiter der Steuerungsgruppe* und *Leiter der Fach-*

kommission, und ansonsten ist er Professor an der Freien Universität Bozen und wohnhaft in Brixen. Das ist eine schöne Landschaft, und sie hat so wenig Ähnlichkeit mit Frankfurt am Main, Offenbach oder Hanau wie sein Wolkenkuckucksheim mit der Hessischen Bildungslandschaft. Dort gibt es eine andere Wirklichkeit.

Der professorale Ober-Kuckuck kann sich das Schwärmen über den Wolken leisten – die Erzieherinnen und Erzieher in ihren vernachlässigten Institutionen können das kaum. Und wehe, wenn sie gezwungen werden, unter ihren »verantwortungslosen« Arbeitsbedingungen diese Kuckuckseier auszubrüten! Drastisch im Bild, biologisch nicht ganz korrekt, doch hier durchaus passend:

> d(er) M(artin) L(uther) sagte, »dasz der kuckuk hat die natur und art, dasz er der grasmücken ihre eier aussäuft und legt seine eier dagegen ins nest, dasz sie die grasmücke musz ausbrüten. Darnach, wenn die jungen kuckuk aus der schalen gekrochen und grosz sind, so kann die grasmücke sie nicht bedecken. davon werden die kuckuk aufsätzig, und zuletzt fressen die jungen kuckuk ihre mutter, die grasmücken«.[48]

So geht's bei Kuckucks zu – und nicht nur dort: Der Eine legt die Eier – ausbrüten und aufziehen tun's ja Andere, und mit denen hat er nichts zu tun!

> Die meisten Leser wissen, dass »der Kuckuck« nie eine Liegestatt für seine Eier herrichtet, nie selbst brütet und nie Junge im Nest füttert. Diese drei Eigentümlichkeiten gehören zu einem reinen (obligaten) Brutschmarotzer. … Fast immer Sperlingsvögel, … niemals Vögel, die mit den Kuckucken näher verwandt sind, … werden von schmarotzenden Kuckucken als Pflegeeltern für ihre Kinder in Anspruch genommen. … Alle Beziehungen zwischen den

[48] Aus: Jacob und Wilhelm Grimm 1984: 2526.

Kuckucken und ihren »Opfern« haben zu bestimmten Anpassungen geführt. Auf die Abwehrmaßnahmen der Wirte hat mancher Schmarotzer geantwortet, indem er sich, seine Eier und seine Jungen tarnte. … Der kämpferischen Abwehr vieler Vogelpärchen entgeht … unser Kuckuck oft dadurch, dass er meist in den frühen Nachmittagsstunden ans Nest fliegt. Zu dieser Zeit ist allgemeine Ruhezeit, und ehe die Kleinvögel aufmerksam werden, ist der Schmarotzer schon wieder weg, zumal er zur Eiablage wenig Zeit benötigt. … All die verschiedenen Abwehrverfahren der Wirtsvögel gegen den Kuckuck … scheint den betroffenen Vögeln nicht viel zu nützen; sie werden deswegen offenbar kaum weniger belästigt. Fast jedes Kuckucksei kostet die Pflegeeltern ein Gelege, und in manchen Gegenden können die Wirtsvögel auf diese Weise so viele Gelege verlieren, dass ihre Zahl von Jahr zu Jahr abnimmt.[49]

Der Kuckuck mag meinen, sein Ei brüte sich von selber aus, sein Junges ziehe sich von selber groß. Die kleinen Zieheltern sehen das sicher anders, vor allem dann, wenn das fette Kuckucksküken sich im Nest breit macht, sich Platz verschafft, indem es die kleinen Futterkonkurrenten rausschmeißt. So mag dann noch am ehesten fürs Kuckucks-Kind die Rede vom »kompetenten Säugling« stimmen:

Die Brutschmarotzer unter den Kuckucken haben … eine sehr kurze Bebrütungsdauer. … Das ist natürlich für den Schmarotzer günstig: Das Junge schlüpft frühzeitig, manchmal sogar vor den Stiefgeschwistern, obwohl seine Mutter nicht zuerst legte. … Der junge Kuckuck im Ei ist recht widerstandsfähig. Falls einmal die Bebrütung unterbrochen wird, lebt er anscheinend länger als seine Nestnachbarn. Unser Kuckuck schlüpft nach einer Bebrütung von zwölfein-

49 Grzimeks Tierleben 1980: 349ff.

viertel Tagen. Von seinen Stiefgeschwistern unterscheidet er sich durch seine Größe – er kann fast doppelt so groß sein wie sie – und durch seine Nacktheit. … Der besonders große Sperrachen des jungen Schmarotzers wirkt offenbar als übermäßig starker (überoptimaler) Auslöser … und veranlaßt die Vogeleltern zu besonders emsigem Füttern. … Der nackte, blinde und in den ersten fünf Tagen stumme Jungkuckuck entfaltet etwa von seiner zehnten Stunde an eine unheimliche Tätigkeit: Er wirft nach und nach den gesamten Nestinhalt hinaus. … Der kleine Kuckuck lädt alles, was sich im Nest befindet – für gewöhnlich also Eier und Jungvögel gegebenenfalls auch einen zweiten Jungkuckuck – auf seinen breiten Rücken, der bei dieser Tätigkeit wie hohl wirkt. Dann klettert der Schmarotzer rückwärts an der Nestwand empor und befördert die Last mit einer abschließenden Bewegung auf den Nestrand oder darüber hinweg. … Am vierten oder fünften Lebenstag beginnen bei unserem Kuckuck die Federn stark zu sprießen; um diese Zeit erlischt sein Hinauswerftrieb.«[50]

Es fällt schwer, das ganze Unterfangen des Hessischen Bildungs- und Erziehungsplans als bloßes Windei und akademische Kopfgeburt abzutun. Bayern und Hessen vorn – auch noch in der Bildungspolitik! Zwei Bundesländer, die in ihren Schul- und Bildungssystemen alles mit Füßen treten, was hier im Plan als ideale Erziehungs- und Bildungswelt formuliert wird – wie soll das passen?

Wir sahen: Dieser Plan vermeidet systematisch jede Überlegung, wie er – konkret und im Einflussbereich der Landesregierung – realisiert werden kann. Von einer verbindlichen Selbstverpflichtung der Landesregierung, die finanziellen, personellen, qualifikatorischen und räumlichen Bedingungen für eine zügige Umsetzung des Landesplans

---

[50] Ebd.: 357ff.

bereitzustellen und für die notwendigen Anreizsysteme zu sorgen, um die unverzichtbaren Erziehungspartnerschaften zu ermöglichen, kann überhaupt keine Rede sein. Das offensichtlich ist nicht mit Ko-Konstruktion gemeint. Was aber dann?

Der böse Blick, die böse Fantasie drängt sich geradezu auf. Sollte die penetrante Rede von den Kindern als Experten ihrer Welt und ihrer Bildungs- und Erziehungsprozesse und die nicht minder penetrante Rede von den Eltern als den Spezialisten für ihre Kinder, sollte das ganze Gesäusel von Ko-Konstruktion und Ko-Operation aller Bildungs- und Erziehungstäter an allen Bildungs- und Erziehungsorten und von umfassenden Erziehungs- und Bildungspartnerschaften nichts anderes vorbereiten als eine weitere Variante des *aktivierenden Sozialstaats*? Jener Ideologie vom schlanken Staat, der zwar bereit ist, Milliarden von Euro in die international agierenden Konzerne zu pumpen, zugleich aber sich zunehmend aus seiner sozialstaatlichen Verantwortung stiehlt? Das SGB II hat es vorgemacht[51] – und Hessens Regierung war hier wesentlicher Vordenker. *Fördern und Fordern* – dieses gute Prinzip einer Reformpädagogik – wurde systematisch pervertiert zum *Fordern als der besten Form des Förderns*. Wo nicht die chronische Massenarbeitslosigkeit bekämpft wird, richtet sich Arbeitsmarktpolitik gegen die Arbeitslosen selbst. Hier hat der Ressourcen-Ansatz seine Meisterprüfung bestanden! Nicht die sechs bis sieben Millionen fehlenden Arbeitsplätze, nicht eine chronisch und extrem ungerechte Verteilung vorhandener gesellschaftlicher Arbeit sind das Thema und das Problem. Das wäre ja durch und durch defizitär und negativ gedacht! Nein! Jeder Ar-

---

[51] Die so genannten Hartz IV-Gesetze.

beitnehmer ist der Ko-Konstrukteur seiner Erwerbsbiographie. Er ist der wahre Experte seines Berufslebens und verfügt selbstverständlich über die Ressourcen für seine Integration auf dem Arbeitsmarkt. Der *aktivierende Sozialstaat* wird dafür sorgen, dass diese Ressourcen auch genutzt werden – mit aufgenötigten Eingliederungsvereinbarungen und der Androhung finanzieller Sanktionen. Denn schließlich hat der kompetente Arbeitnehmer kein Recht auf existenzsicherndes Einkommen, auch keins auf »Faulheit« und schon gar nicht eins auf die staatliche Unterstützung seiner Faulheit. Der Sozialstaat ist nur noch da für die »Willigen« – und die besten »Willigen« sind die, die den Sozialstaat nicht beanspruchen.

Zu weit hergeholt? Oder gibt es da doch verräterische Parallelen? Statt die strukturellen und institutionellen Rahmenbedingungen eines aus dem Ruder gelaufenen Arbeitsmarktes grundlegend zu verändern, greift die Arbeitsmarktpolitik das schwächste Glied der Kette an. Statt Bekämpfung der Arbeitslosigkeit – ein beispielloser Kampf gegen die Arbeitslosen! Das wäre zu weit hergeholt? Und wer trägt in der Logik des Hessischen Bildungs- und Erziehungsplans die Verantwortung für auch künftig massenhaft scheiternde Erziehungs- und Bildungsverläufe? Natürlich die so überaus kompetenten und ressourcenreichen, kurz: resilienten Kinder; und ihre nicht minder kompetenten und ressourcenreichen, also ebenfalls resilienten und Resilienz fördernden Eltern; und selbstverständlich deren Erziehungs- und Bildungspartner, die Erzieherinnen und Lehrerinnen und deren männliche Kollegen. Und wenn die versagen, genauer: sich versagen? Nun, dann können Staat und Kultusministerium auch nicht viel dagegen machen.

Braucht es viel Fantasie, um zu ahnen, wo die Reise

hingeht? Sind es doch die nämlichen Gleise und die gleichen Herrschaften, die da über Fahrplan und Streckennetz verfügen! In souveräner Großartigkeit verlangt der Hessische Bildungs- und Erziehungsplan von den für die Erziehung der Kinder Verantwortlichen, dass sie unter Bedingungen struktureller Verantwortungslosigkeit verantwortlich handeln.

Und wie die Fallmanager oder Persönlichen Ansprechpartner in den Arbeitsverwaltungen die Langzeitarbeitslosen in Eingliederungsvereinbarungen nötigen – ohne wirklich in der Lage zu sein, ihre Klientel in den regulären Arbeitsmarkt zu integrieren; so wird schon jetzt an hessischen Schulen eifrig gebastelt nach den Vorgaben des Hessischen Bildungs- und Erziehungsplans. Emsige Lehrerinnen konzipieren mit engagierten Eltern anspruchsvolle Ko-Konstruktionsverträge, wechselseitige Selbstverpflichtungen – Erziehungsvereinbarungen. Lange Pflichtenlisten entstehen hier. Was aber tun, wenn dann diese »Ko-Konstruktions-Vereinbarungen« zwischen Schule und Elternschaft fixiert, unterschrieben und gültig sind? Gegen Übertretungen braucht es Sanktionen. Das war immer schon so! Dumm nur, dass wir eine Schulpflicht haben! Nun, an der wird schon lange genagt. »Ruhende Schulpflicht« für alle, die nicht passen wollen. Im Prinzip ist das bedingungslose Recht auf Bildung schon immer ein systemfremdes Element gewesen. Ist das die nächste »Reform« in diesem Land: aus der Schulpflicht wird die Pflicht der Eltern und Kinder zur effizienten Erziehungs- und Bildungspartnerschaft, zur Ko-Produktion am Lern- und Bildungsprozess? Und *diese* Pflicht wird zur Bedingung, zur Voraussetzung des *Rechts auf Bildung*? Ein neuer Einfall wäre das nicht: Die basalen Bürgerrechte werden an Gegenleistungen der Bürger gebunden – an Bedingungen geknüpft. Und die Schulleitungen und Schulverwaltungen entscheiden darüber, wer »seine Rechte verwirkt« hat.

Die Blindheit des Hessischen Bildungs- und Erziehungsplans gegenüber den politisch-gesellschaftlichen »Grenzen der Erziehung«[52] ist zwangsläufig und objektiv Komplizenschaft mit diesen Grenzen: Hinter dem fadenscheinigen Schleier von Respekt und Hochachtung vor Kindern, Eltern und Professionellen verbirgt sich nur mühselig, was da laut geleugnet wird: Missbrauch und Abhängigkeit. Missbraucht nämlich werden sie, die als kompetente Erziehungs- und Bildungspartner und Experten ihres Lebens und Arbeitens hochgejubelt und zugleich in Abhängigkeit gehalten werden, indem ihnen die nötige Unterstützung und Förderung versagt wird.

Wie ein Kommentar zum Hessischen Bildungs- und Erziehungsplan klingt, was Siegried Bernfeld vor genau 80 Jahren in seinem Vorwort zur 2. Auflage von *Sisyphos oder die Grenzen der Erziehung* schrieb:

> Die Erziehbarkeit des Kindes ist beschränkt; die Erziehfähigkeit des Erziehers ist es gleichfalls – diese beide Grenzen erwähne ich in meinem Buch nur eben, weil sie seit je gekannt, wenn auch nicht immer beachtet sind. … Da es wirkliche Grenzen sind, muss sich die Erziehungswissenschaft ihrer Erforschung widmen; da sie die weithin sichtbaren sind, ist ihre neuerliche Markierung nicht so dringlich als die Aufdeckung der, auch heute noch unsichtbaren, dritten: der gesellschaftlichen. Nicht die Pädagogik baut das Erziehungswesen, sondern die Politik. Nicht Ethik und Philosophie bestimmt das Ziel der Erziehung nach allgemein gültigen Wertungen, sondern die herrschende Klasse nach ihren Machtzielen; die Pädagogik verschleiert bloß diesen höchst

[58] Siegfried Bernfeld 1967.

> hässlichen Vorgang mit einem schönen Gespinst von Idealen. … – die Erziehung, die diese Grenze ihres Wirkens nicht sieht, hilft mit, gerade den Menschenschlag zu verewigen, den ihre philosophische Einleitung als unerzogenen, als ungebildeten, als Unmenschen verflucht.[53]

Pädagogik im Wolkenkuckucksheim – das letzte Wort dem Narren König Lears:

> Grasmücke solange den Kuckuck speist,
> Bis sein Junges ihr endlich den Kopf abbeißt.[54]

53 Siegfried Bernfeld 1969: 468f.

54 William Shakespeare 1955: 462.

Kapitel 3
Pädagogik in der Unterwelt: Sisyphos und Tantalos[55]

Von Heroen wird die Rede sein, von großen griechischen Einzelkämpfern – und von ihrem Scheitern.

Sisyphos

In der *Ilias* gilt Sisyphos als »der schlaueste unter den Männern«.[56] Seine ewige Strafe ist bekannt, seine Taten sind es weniger. Sisyphos war einer der Urbewohner der Erde, einer von denen, »die die anfänglichen Taten der Götter noch belauschen konnten«.[57] Er wohnte hoch oben auf einem Felsen über dem Isthmos, dort, wo sich Korinth erheben sollte, als dessen Gründer er gilt. Sisyphos war ein großer Späher, von seinem Felsen aus verschaffte er sich Überblick über die Welt. Und sah den Zeus mit der Nymphe Aigina, die der gerade geraubt hatte. Der erzürnte Vater Aiginas, der Flussgott Asopos, kam bei der Suche nach seiner jüngsten und sicher schönsten Tochter zum

---

55 Wichtige Anregungen für die folgenden Gedanken erhielt ich durch Lisa Wolff 2010, in Vorb.

56 Homer 1979: Ilias: VI-153.

57 S. Karl Kerényi: 1994: 67-69.

Nest des Spähers, der Bescheid wusste, aber nichts verriet – bis der Flussgott für ihn oben auf dem ragenden Felsen eine Quelle entspringen ließ. Für diesen Preis verriet Sisyphos den göttlichen Räuber – und zog damit den Götterzorn auf sich: Zeus schickte Thanatos, den Tod, gegen ihn aus. Doch Sisyphos konnte den Tod überlisten und in starke Fesseln werfen. Niemand starb von jenem Augenblick an auf der Erde, bis Ares, der Kriegsgott – wer sonst? –, Thanatos befreite und Sisyphos ihm übergab. Doch dem schlauesten unter den Menschen gelang es ein weiteres Mal, den Tod zu überlisten. Er konnte der Unterwelt entfliehen – und lebte auf Erden bis ins hohe Alter.

Eine berühmte Geschichte erzählt, wie Sisyphos, der »Erzschelm«, Autolykos, den »Meisterdieb«, überlistete – und wir erfahren fast nebenbei, dass Sisyphos zu den ersten gehörte, »die die Kunst der Buchstaben« beherrschten: Um den Meisterdieb zu überführen, »goss Sisyphos Blei in die Vertiefung der Hufe, in der Form von Buchstaben, die in den Spuren der Rinder den Satz ergaben: »Autolykos stahl mich«.

Sisyphos starb vom hohen Alter geschwächt. Diesem Tod konnte er nicht entfliehen. »Seine berühmte Bestrafung hingegen stellt das Bild des ewig vergeblichen Bemühens, das Los aller Sterblichen von sich abzuwälzen, dar.« Odysseus musste – so Homer – »hinab in die Tiefe steigen, wo Tote nichtig und sinnlos wohnen, die Schatten gestorbener Menschen«[58] – und ihn »trieb die Begierde des Herzens, auch die Seelen der andern gestorbenen Helden zu schauen«: [59]

> Auch den Sisyphos sah ich, von schrecklicher Mühe gefol-

---

[58] Homer 1979: Odyssee: XI: 475.

[59] Ebd.: 566.

tert, / Einen schweren Marmor mit großer Gewalt fortheben. / Angestemmt, arbeitet' er stark mit Händen und Füßen, / Ihn von der Au aufwälzend zum Berge. Doch glaubt er ihn jetzo / Auf den Gipfel zu drehn, da mit einmal stürzte die Last um; / Hurtig mit Donnergepolter entrollt der tückische Marmor. / Und von vorn arbeitet' er, angestemmt, daß der Angstschweiß / Seinen Gliedern entfloß und Staub sein Antlitz umwölkte.[60]

Dass Siegfried Bernfeld in dieser endlos-sinnlosen Plage ein Abbild der Erziehungsarbeit sah, ist nachvollziehbar. Sind doch alle Elemente dieses mühseligen und oft vergeblichen Geschäfts im Gleichnis präsent: der Kluge, der alles besser Wissende, der Listigste aller Sterblichen, der zum Tor wird, gebannt durch Vergeblichkeit, Nichtigkeit und Wiederholungszwang. Fleißig, pflichtbewusst, Tag für Tag neu beginnend, nach jedem Scheitern voller Hoffnung, das nächste Mal werde es gelingen – und voller Angst vor erneutem Scheitern. Und stets aufs Neue enttäuscht: »doch glaubt er ihn jetzo auf den Gipfel zu drehn, da mit einmal stürzte die Last um«. Und seine Last: ein roher Brocken, ein unbehauener Klotz! Was wäre aus dem Marmorstein nicht alles herauszuholen, zu formen! Doch das Objekt seiner Mühe dankt es ihm nicht, wendet sich vielmehr – kurz vor dem Ziel – gegen ihn und »hurtig mit Donnergepolter entrollt der tückische Marmor«.

Der Beruf des Lehrers, des Erziehers als die Strafe für *Verrat an Zeus* – so nicht ganz korrekt Gustav Schwab. Denn Sisyphos hat nicht *Verrat an Zeus* begangen, sondern er hat ganz einfach Zeus verraten, hat »gepetzt«, würde man abwertend in der Schule sagen; vielleicht aber wäre richtiger: Sisyphos hat »aufgeklärt« – ein Verbrechen der Obrigkeit »verraten«. Zu klug für die Götter war

---

60 Ebd.: 594ff.

Sisyphos, sogar den Tod konnte er zweimal überlisten. Doch alt geworden und schwach unterlag er der Macht der Unsterblichen. Deren Strafe: auf ewig verdammt zum Beruf des Lehrers. Und über das Setting befinden die Götter: kein Entrinnen aus dem Handlungszwang!

So geht es, wenn Wissen und Macht, wenn Aufklärung und Herrschaft aneinander geraten. Der Lehrerberuf als Fluch und unter dem Bann der vergeblichen Wiederholung – im Auftrag der Macht und der Herrschaft. Sisyphos – für Siegfried Bernfeld eine Parabel über die Grenzen der Erziehung.

Tantalos

Auch von ihm ist meist nur bekannt, welche grässliche Strafe ihn in der Unterwelt traf. Tantalos war einer der großen Heroen der Urzeit.[61] Er wurde für einen Sohn des Zeus gehalten, seine Mutter war Pluto, die »Reiche«, und er selbst war König von Lydien, ein kleinasiatisches Reich, das berühmt war wegen seines Goldes, die »Talente« des Tantalos waren sprichwörtlich für den Sohn der Pluto. Er saß am Tisch der Götter, speiste mit ihnen im Himmel – und lud die Götter zu sich zum Festmahl. Und was er ihnen da als Speise vorsetzte, verschlug den griechischen Dichtern vor Grausen die Sprache:

> Zu solch einem Opfermahl hatte Tantalos die Götter eingeladen. … Tantalos sündigte, indem er kein stellvertretendes Tier, sondern das Beste, was er zu geben hatte, seinen ei-

61 S. Karl Kerényi 1994: 53ff.

> genen Sohn, den Göttern zur Mahlzeit bereitete und sie mit solcher Opferspeise erwartete. Er schlachtete den kleinen Pelops, zerstückelte ihn, ließ das Fleisch in einem Kessel kochen, und wollte, wie Spätere glaubten, die Allwissenheit seiner Gäste auf die Probe stellen. (54)

Noch andere Freveltaten wurden dem Tantalos nachgesagt – »aber vielleicht doch nur zur Verschleierung des großen Wagnisses«: Nektar und Ambrosia habe er von der Göttertafel gestohlen und den Menschen gebracht; mehr noch: Das Geheimnis der Unsterblichkeit habe er als Gast der Götter erlauscht und den Menschen verraten. Es geht um Essen und Trinken, um die orale Gier, die des Tantalos und die der Götter; und es geht um göttliche Macht und Unsterblichkeit. Dafür trifft Tantalos, den »Allzu-Wagemutigen« und »Allzuviel-Wünschenden« die grässlichste Strafe. In der *Odyssee* heißt es:

> Auch den Tantalos sah ich, mit schweren Qualen belastet. / Mitten im Teiche stand er, das Kinn von der Welle bespület, / Lechzte hinab vor Durst und konnte zum Trinken nicht kommen. / Denn sooft sich der Greis hinbückte, die Zunge zu kühlen, / Schwand das versiegende Wasser hinweg, und rings um die Füße / Zeigte sich schwarzer Sand, getrocknet vom feindlichen Dämon. / Fruchtbare Bäume neigten um seine Scheitel die Zweige, / Voll balsamischer Birnen, Granaten und grüner Oliven / Oder voll süßer Feigen und rötlichgesprenkelter Äpfel. / Aber sobald sich der Greis aufreckte, die Früchte zu pflücken, / Wirbelte plötzlich der Sturm sie empor zu den schattigen Wolken. (582ff)

Siegfried Bernfeld sah in der Tantalos-Situation die andere Seite der pädagogischen Beziehung repräsentiert: die Qual der Armut im Überfluss.[62] Verwahrlosung und Kri-

62 Siegfried Bernfeld 1969: 648-663.

minalität von Kindern und Jugendlichen sind – so Bernfeld – nicht hinreichend zu verstehen ohne die Analyse des verwahrlosten und verwahrlosenden »sozialen Ortes«.[63] Und Bernfeld skizziert jenen sozialen Ort, »der den mannigfaltigsten psychischen Strukturen größte Chance gibt, »asoziale« Taten zu begehen«:

> Dass in unseren Großstädten Luxus und Elend nahe beieinander wohnen, wird immer wieder beklagt und zum Verständnis des Verbrechens herangezogen … Psychologisch besagen diese Unterschiede, dass an verschiedenen sozialen Orten, infolge der Gesamtstruktur der Gesellschaft, eine beträchtliche Differenz in Art und Größe der Aufgabe der Triebbewältigung gesetzt ist. Es ist nicht an jedem sozialen Ort »leicht«, Taten zu vermeiden, die die »herrschende Moral« als gesamtheitsschädlich verbietet. … Wir wissen, dass Bedrohungen der Selbsterhaltung, dass Einschränkungen des Ernährungstriebs, der vitalen Bedürfnisse, Bewältigungsaufgaben stellen, die besonders hart sind und nicht leicht glücken, vielleicht nie ohne gewisse narzisstische Kränkungen mit deren nachhaltigen Konsequenzen. … Doch man weiß, dass der Mensch auch sehr weitgehende Entbehrungen dieser Triebbefriedigungen zu ertragen vermag; wobei die Konsequenzen keineswegs starr, eindeutig und einförmig sind. … Besonders schwierig für das Erleben und, wie mir scheint, besonders nachhaltig für die ganze psychische Struktur wirkend, ist jene grausamste Erschwerung, die arg beleidigte Götter dem unglücklichen Tantalus auferlegt haben: mitten in der erregendsten Fülle machtlos entbehren zu müssen. (658)

Das Spezifische der »Tantalussituation« ist nicht die Entbehrung, die aufgenötigte Triebeinschränkung, nicht die Armut an sich, sondern die Armut im Reichtum, die Ent-

[63] Siegfried Bernfeld 1969: 198-211.

behrung angesichts des Überflusses; ist nicht der Hunger per se und der Mangel allein, sondern der ungerechte, beleidigende, kränkende Hunger und Mangel, die zusätzliche Verletzung durch Diskriminierung und Missachtung.

Sisyphos und Tantalos: Da sind sie nun – auf ewig in der Unterwelt durch den Bann der Wiederholung gefesselt. Der eine stets aufs Neue hoffend, jetzt endlich werde er erfolgreich seine Arbeit beenden können; der andere in seiner Not gierig greifend und ebenfalls hoffend, jetzt endlich werden Durst und Hunger gestillt. Und beide: pausenlos und vergeblich.

Für Siegfried Bernfeld standen Sisyphos und Tantalos für die gesellschaftlichen Grenzen der Erziehung: Es ist der soziale Ort der Schule, der sich gegen all die herrlichen pädagogischen Ideen immer wieder machtvoll durchsetzt und die Erzieher in sinnlose Aktivitäten nötigt; und es ist der soziale Ort der Schüler, der sie so zwingend daran hindert, die Schule als guten Ort für ihre Entwicklung zu nutzen: Störer und Gestörte.

Doch die Geschichte soll zu Ende erzählt werden. Denn sie hat ein Ende, besser: ein Zwischenspiel, das durchaus zum Ende hätte führen können, ein Zwischenspiel in der Unterwelt, von dem Beide hätten lernen können. Dass es folgenlos blieb, muss nicht heißen, dass es nicht anders möglich war.

Orpheus

Von Orpheus, dem »wunderbaren Sänger und Leierspieler«,[64] heißt es: »In unendlichen Scharen kreisten die Vögel über dem Kopf des Sängers, und hoch sprangen die Fische aus dem dunkelblauen Meere ihm entgegen«; ja sogar die Steine und Bäume brachte sein Gesang zum Tanzen. Alles Wilde bezwang er singend und die Leier spielend, sogar die wilden Mächte der Unterwelt. Das stellt ihn in die Reihe der griechischen Heroen. Er war der Sohn einer Muse, als sein göttlicher Vater durfte Apollon gelten. Der war auch der Lehrmeister des jungen Orpheus und unterrichtete seinen Sohn auf der Leier, die Hermes, der Erfinder dieses Instruments, ihm geschenkt hatte und die er an Orpheus vererbte.

Mondgleich ist Eurydike, die junge, geliebte Frau des Orpheus. Der aber hat einen göttlichen Nebenbuhler: Aristaios, der im schönen Tal Tempe unter dem Olympos Bienen züchtet und Eurydike nachstellt. Die Neuvermählte flieht, fällt im Fliehen und wird von einer Schlange in den Knöchel gebissen. Als Orpheus kommt, »war seine junge Frau schon vom Hades entrafft«. Orpheus folgt ihr, seiner Leier und seinem Gesang vertrauend, in die Unterwelt. Charon, der Fährmann, wird von der Leier bezwungen; er soll seinen Kahn verlassen haben und dem singenden Orpheus gefolgt sein. Und Kerberos, der Höllenhund, wagt nicht zu bellen. In Glucks *Orpheo ed Euridice* stellt sich der Chor der Furien ihm in den Weg:

> Jammernder Sterblicher,
> was willst, was suchst du hier?

---

[64] Karl Kerényi 1994: 220 ff.

Dunkel und Mitternacht,
Ächzen und Winseln wohnt
in diesen schrecklichen, traurigen Kreisen!
Hier ist der Aufenthalt
furchtbarer Todesangst,
hier tönt nur Klageschrei,
hier herrscht nur Qual.[65]

Orpheus fleht sie an, ihn durchzulassen. Wild und barbarisch ihr NO! Doch er beschwört die Liebe und sein Gesang weckt in den Herzen der Furien das ihnen bislang unbekannte »sanfte Gefühl«, das ihre Wut besänftigt:

Ah! Quale incognito,
Affetto flebile,
Dolce a sospendere
Vien l'implacabile
Nostro furor![66]

Und sie geben Orpheus den Weg in die Unterwelt frei:

Sein sanftes Trauerlied,
sein banger Klagesang
weckt unser Mitgefühl,
stimmt uns milde für ihn,
hat uns besiegt.

Im zweiten Satz des 4. Klavierkonzerts von Ludwig van Beethoven können wir hören, wie dieser Sieg der sanften entschlossenen Töne des Klaviers über den barbarischen Chor der Streicher errungen wird – wunderbar interpretiert von Alfred Brendel unter der Leitung von Simon Rattle und den Wiener Philharmonikern.

---

[65] Christoph W. Gluck 2008.

[66] Christoph W. Gluck www/erato: »Welch ungewöhnlicher Trieb, zärtlich und mitleidvoll, hemmt unsern Widerstand, flösst uns Erbarmen ein, schmilzt uns das Herz?«

Gustav Schwab kann es an dieser Stelle besser als Karl Kerényi und erzählt weiter:

> Schaurig umgaben ihn die Schatten der Toten, aber er schritt mitten durch die Schrecknisse des Orkus, bis er vor den Thron des bleichen Hades und seiner strengen Gemahlin trat. Dort fasste er seine Leier und sang zum süßen Klang der Saiten: Oh ihr Herrscher des unterirdischen Reiches, hört gnädig meine Bitte an! Nicht aus Neugier bin ich gekommen, nein, um meiner Gattin willen nah' ich mich euch. Vom Biss der tückischen Natter vergiftet, sank sie in der Blüte ihrer Jugend dahin, nur wenige Tage war sie meine Freude. Seht, ich wollte es ertragen, dieses unermessliche Leid; ich hab' lange gerungen. Aber die Liebe zerbricht mir das Herz, ich kann nicht ohne Eurydike sein. Darum fleh' ich zu euch, furchtbare, heilige Götter des Todes! Bei diesem grauenvollen Ort, bei der schweigenden Öde eurer Gefilde: gebt sie mir wieder, die geliebte Gattin; schenkt ihr das Leben von neuem! ... So sang er und rührte mit den Fingern die Saiten. Da horchten sogar die blutlosen Schatten und weinten. Der unselige Tantalos haschte nicht mehr nach den fliehenden Wassern. Ixions sausendes Rad stand still, die Töchter des Danaos ließen ab vom vergeblichen Mühen und lehnten horchend an der Urne, sogar Sisyphos vergaß seine Qual und setzte sich auf den tückischen Felsblock, um den sanften Klagetönen zu lauschen. Damals, so sagt man, liefen selbst den furchtbaren Euminiden Tränen über die Wangen, und das düstere Herrscherpaar fühlte zum ersten Mal Mitleid.[67]

Das hätte vielleicht der erste Schritt werden können für Sisyphos und Tantalos: innezuhalten, auszusteigen aus dem Rad sinnloser Aktivitäten; ein erster Schritt gegen den Bann der endlosen Wiederholung.

---

[67] Gustav Schwab 1974: 96.

Kapitel 4
Pädagogik in Konflikten: zur strukturellen Verantwortung der Pädagogik

Noch einmal: Störer und Gestörte

Unsere Untersuchung über »Konfliktgeschichten nicht beschulbarer Jugendlicher« kann durchaus auch als eine Studie über die »Grenzen der Erziehung«, genauer: über die »Grenzen der öffentlichen Erziehung« gelesen werden. Im Band 1 von *Störer und Gestörte* stand die Analyse exemplarischer Fallgeschichten im Zentrum. So unterschiedlich die untersuchten Konfliktgeschichten auch waren, in jeder von ihnen zeigten sich sehr prägnant zwei »Grenzen der Erziehung«, die sich wechselseitig stützen und verstärken und in ihrem Zusammenspiel wesentlich für die Ausweglosigkeit der eskalierenden Konflikte sorgen. In unseren Schlussbemerkungen hieß es dazu:

Qualifizierte professionelle Arbeit mit schwierigen, nicht beschulbaren Jugendlichen wird – das haben unsere Falluntersuchungen wohl gezeigt – von zwei Seiten erschwert, behindert, im Extremfall verunmöglicht.

Auf der einen Seite stehen die Jugendlichen mit ihren häufig sehr destruktiven – und unbewusst selbstdestruktiven – Konfliktstrategien gegenüber Schule und Jugendhilfe, mit ihren mehr oder weniger aggressiven

Verweigerungshaltungen gegenüber den Regeln und Anforderungen dieser Institutionen, mit ihren rigiden und pseudoautonomen Formen der Abwehr archaischer und unerträglicher Affekte der Angst, Hilflosigkeit und Bedrohung. Diese Jugendlichen scheitern nicht einfach an Schule und Jugendhilfe, weil ihnen die eine oder andere Kompetenz mangelt, weil sie unter diesen oder jenen Defiziten leiden; sie scheitern machtvoll und elend zugleich. Die Jugendlichen weisen schwere, meist aus früher Kindheit stammende seelische Störungen auf. Sie sind nicht fähig und nicht bereit, die schulischen Angebote für ihre Entwicklung zu nutzen und die Maßnahmen und Einrichtungen der Jugendhilfe anzunehmen. Sie inszenieren immer wieder frühe Beziehungs- und Konflikterfahrungen und sind unfähig, ihre starren Muster der Abwehr und des Selbstschutzes aufzugeben. Sie erleben *Fördern und Fordern* als existentielle Bedrohung und nicht selten wenden sie ihre aggressiven und destruktiven Impulse ausgerechnet gegen jene Professionellen, die sich einfühlsam und engagiert um sie kümmern. Die Forschergruppe der analytischen Kinder- und Jugendlichen-Psychotherapeuten identifizierte in beträchtlichem Ausmaß bei allen unseren Untersuchungsfällen derartige destruktive Kräfte in der individuellen Psychodynamik.

Auf der anderen Seite stehen Schule und Jugendhilfe mit ihren qualifikatorischen und organisatorischen Voraussetzungen und Bedingungen professioneller Arbeit, mit ihren Defiziten und Schwächen und den in vieler Hinsicht mangelnden und mangelhaften Kompetenzen und Ressourcen; unter dem Begriff der *strukturellen Verantwortungslosigkeit* wurden diese Rahmenbedingungen beruflicher Arbeit analysiert. Und auch hier gilt: Schule und Jugendhilfe scheitern nicht einfach, weil es diese oder jene Defizite und

Mängel gibt, weil es den hier arbeitenden Professionellen an der einen oder anderen Kompetenz oder Ressource fehlt; Schule und Jugendhilfe scheitern machtvoll und elend zugleich. Sie verfügen nicht über die notwendigen Voraussetzungen für ein verantwortliches *Fördern und Fordern* dieser schwierigen Jugendlichen und ihrer Familien. Weder die Hilfeprozesse noch die Hilfesysteme sind integriert; fachliche und interdisziplinäre Kooperation fehlt oder hat keine zeitliche Kontinuität; professionelle Verfahren kollegialer und interdisziplinärer Falldiskussion sind unbekannt oder werden nicht genutzt. Die Professionellen in Schule und Jugendhilfe sind deshalb regelmäßig überfordert, wollen sie verantwortlich sich dieser Jugendlichen annehmen. Versuchen sie es dennoch, stoßen sie rasch auf individuelle und institutionelle Grenzen. So bleibt am Ende meist nur der Rückgriff auf die Instrumente und Regeln, die die Institution bereitstellt, um sich und ihre Mitarbeiter vor der Erfahrung des Scheiterns zu schützen: Sanktion und Selektion. Genau dieser destruktive »Rückgriff« wird institutionell angeboten, nahegelegt, im Extremfall aufgenötigt. Die soziologische Analyse der Konfliktgeschichten nicht beschulbarer Jugendlicher ist immer wieder auf die institutionelle Macht des Destruktiven gestoßen, auf die machtvolle Abwehr der Erfahrung von Scheitern und Versagen, auf die institutionelle Absicherung und Befestigung struktureller Verantwortungslosigkeit.

Wie wir bei der einen Seite akzeptieren müssen, dass diese besonders schwierigen Jugendlichen die Katastrophe aktiv herbeiführen, dass also das Scheitern – unbewusst und nicht intentional – »gewollt« ist; so müssen wir bei der anderen Seite damit rechnen, dass auch hier – objektiv und nicht intentional – »gewollt« ist, was geschieht. Die Vermutung liegt durchaus nahe, dass *struktu-*

relle Verantwortungslosigkeit in Schule und Jugendhilfe zumindest billigend in Kauf genommen wird – und mit ihr deren gesellschaftspolitische Folgen: soziale Spaltung und Diskriminierung.[68]

Beide »Grenzen der Erziehung«[69] haben also starke Wurzeln in den gesellschaftlichen Grenzen der Pädagogik. Die sind nicht unverrückbar, gleichwohl aber überaus widerständig gegenüber allen ernsthaften Angriffen.

Die spezifischen gesellschaftlichen Grenzen der öffentlichen Bildung und Erziehung haben wir in unserer Untersuchung unter dem Begriff der »strukturellen Verantwortungslosigkeit« gefasst – ein in sich widerborstiger Begriff – der Sache, für die er steht, entsprechend. Denn Verantwortungslosigkeit wird – ebenso wie Verantwortung – in der Regel dem Handeln oder der Haltung von Menschen zugeschrieben. *Strukturelle Verantwortungslosigkeit* sagt dem gegenüber, dass es verantwortungslose Strukturen, verantwortungslose Institutionen und verantwortungslose Situationen gibt, unter denen und in denen Menschen mehr oder weniger zwingend und zugleich unmerklich genötigt werden, verantwortungslos zu handeln. Sind diese Strukturen stark und die ihnen unterworfenen Menschen abhängig, dann würde verantwortliches Handeln für die meisten eine hoffnungslose Überforderung bedeuten – mit der fast unvermeidlichen Konsequenz, dass die berufliche Moral systematisch untergraben wird. Böse Strukturen schaffen sich ihre bösen Menschen.[70]

---

68 Thomas v. Freyberg/Angelika Wolff 2005: 313f.

69 In der Terminologie von Siegfried Bernfeld: zum einen die Grenze der »Erziehbarkeit des Kindes«, zum anderen die Grenze der »Erziehfähigkeit des Erziehers« vgl. Siegfried Bernfeld 1969: 468.

70 Ph. Zimbardo 2008: 2, der in seiner eindrucksvollen Un-

Über die verschiedenen Dimensionen *struktureller Verantwortungslosigkeit* in den von uns untersuchten Konfliktgeschichten haben wir ausführlich berichtet. Doch, wie gesagt, dies ist ein widerborstiger Begriff: Er will die Schuldfrage, die in den Konfliktgeschichten von den Konfliktparteien mit unentwegter Leidenschaft abgehandelt wird und allen den Blick eintrübt, von den Individuen weg und hin zu den Verhältnissen lenken. Doch die Verantwortung bleibt am Individuum hängen, auch dann, wenn es ihm schwer oder gar unmöglich ist, ihr gerecht zu werden. Das ist das »Widerborstige« unserer Begrifflichkeit – und das ist zugleich der Grund, weshalb die Kritik an den Verhältnissen immer auch und irgendwie die Individuen meint und trifft, die unter diesen Verhältnissen leben, arbeiten und leiden. Eben weil nicht nur gilt, dass die gesellschaftlichen Verhältnisse die Menschen machen, sondern auch, dass es die Menschen sind, die ihre gesellschaftlichen Verhältnisse machen und zu verantworten haben.

Gibt es also so etwas wie eine *strukturelle Verantwortung* der Professionellen in der öffentlichen Erziehung und Bildung? Welche Verbindlichkeit hätte sie für die berufliche Praxis und an welchen Maßstäben hätte sie sich zu orientieren? Reicht die pädagogische Verantwortung über die »Grenzen der Erziehung« hinaus? Also: Sind die Erzieher und Erzieherinnen auch für die institutionellen und strukturellen Rahmenbedingungen verantwortlich, unter denen sie arbeiten? Oder einmal ganz konkret auf die bisherige Debatte bezogen: Sind die Hessischen Erzieherinnen und Erzieher, Lehrerinnen und Lehrer verantwort-

---

tersuchung der Frage nachgeht: »Was lässt gewöhnliche, ja gute Menschen zu Tätern böser Taten werden?«, spricht vom »systemischen Bösen«.

lich, also auch zuständig und damit dann auch verpflichtet zu intervenieren, wenn sie feststellen müssen, dass die Rahmenbedingungen ihrer Arbeit, die gesetzlichen Regelungen, die Verwaltungsvorschriften, die organisatorischen Gepflogenheiten, kurz: dass die strukturellen Bedingungen ihrer Arbeit den zentralen Zielvorgaben des Hessischen Bildungs- und Erziehungsplans zuwiderlaufen, sie möglicherweise sogar sabotieren; wenn sie beispielsweise aufgrund ihrer fachlichen Einsichten konstatieren müssen, dass ihre Arbeitsbedingungen es ihnen unmöglich machen, dem basalen Leitziel dieses Plans zu seinem Recht zu verhelfen: »jedes Kind in seinen individuellen Lernvoraussetzungen, seiner Persönlichkeit und seinem Entwicklungsstand anzunehmen, angemessen zu begleiten und zu unterstützen«?[71] Eine solche strukturelle Verantwortlichkeit der Professionellen hieße, dass sie das Recht – mehr noch: die Pflicht hätten, *alle* ihre Arbeitsbedingungen und -strukturen an den zentralen Leitzielen des Plans zu messen, sie gegebenenfalls in Frage zu stellen, ihre Verbindlichkeit kritisch zu überprüfen und gegen sie notfalls Widerstand zu leisten. Und wohl gemerkt, *alles* stünde zur Disposition, angefangen von der Benotung individueller Leistungen, über den 45-Minuten-Takt der Unterrichtsstunden, der Verbindlichkeit und Umsetzung der Lehrpläne, die Klassenstärke, die standardisierten Prüfungen bis hin zur Halbtagesregelschule und dem gegliederten Schulsystem der deutschen »Ständeschule«,

[71] So wie man zu Recht den demokratischen Zustand einer Gesellschaft daran messen sollte, wie sie mit ihren schwachen Minderheiten umgeht, so wäre die Umsetzung des Hessischen Bildungs- und Erziehungsplans daran zu messen, wie die Gruppe der benachteiligten, diskriminierten, sozial und psychisch belasteten Kinder und Jugendlichen gefördert wird.

die ohne Zweifel zentralen pädagogischen Zielen im Weg steht.

Also noch einmal unsere Frage: Gibt es eine verpflichtende *strukturelle Verantwortung* der Professionellen im Bildungs- und Erziehungsbereich?

Zwei durchaus entgegengesetzte Antworten auf diese Frage können sich auf starke Argumente berufen:

1. Selbstverständlich gibt es eine solche Verantwortung nicht! Die Professionellen in den Einrichtungen und Organisationen von Bildung und Erziehung sind Angestellte oder Beamte, also abhängig Beschäftigte. Sie haben feste Arbeitsaufträge, die sie im vorgegebenen institutionellen Rahmen nach vorgegebenen Regeln und Kriterien zu erledigen haben. Dafür sind sie ausgebildet und dafür werden sie entlohnt. Über die strukturellen Rahmenbedingungen der Arbeit wird auf anderer Ebene von anderen Akteuren entschieden. Und dort auch liegt dann die Verantwortung – oder Verantwortungslosigkeit.

2. Selbstverständlich muss es eine solche Verantwortung geben, denn keine gesellschaftliche Arbeitsteilung und keine soziale Hierarchie kann den Einzelnen aus der eigenen Verantwortung für sein Handeln befreien – und das gilt selbstverständlich auch fürs berufliche Handeln. Befehl von oben und Gehorsam unten haben nach allgemeinem Rechtsverständnis Grenzen – und jenseits dieser Grenzen können legale Befehle und legaler Gehorsam illegitim sein. Das gilt sogar für Berufsgruppen in geschlossenen und streng autoritär strukturierten Institutionen wie Armeen – wie viel mehr für die Professionellen in sozialen Arbeitsfeldern wie Ärzte, Pfarrer, Therapeuten oder eben: Lehrer und Erzieher.

Zwei »unmögliche« Antworten, nimmt man die Ausgangsfrage ernst: Denn selbstverständlich sind *zum ei-*

nen die Professionellen im Feld der öffentlichen Bildung und Erziehung pädagogisch verantwortlich für das, was sie tun; verantwortlich auch in einem sehr individuellen Sinn. Und in diesem Punkt gibt es keine qualitativen Differenzen zwischen ihnen und beispielsweise den Ärzten, Therapeuten, Beratern oder Seelsorgern – gleichgültig, ob sie in freier Praxis oder eingebunden in abhängige Arbeitsverhältnisse ihren Beruf ausüben. Wer in diesen sozialen Berufen lediglich nach Vorschrift arbeitet, wer hier ein pures Beamten- oder Angestelltenverhältnis praktiziert, wer also sich nicht seinen beruflichen Auftrag innerlich aneignet und eine eigene Verantwortlichkeit für seine Arbeit entwickelt, ist fehl am Platz. Deshalb verlangt jede Institution oder Organisation in diesen Berufsfeldern die professionelle Verantwortlichkeit ihrer Mitarbeiter – sie könnte gar nicht funktionieren ohne sie.

Aber zugleich gelten *zum anderen* die nur wenig flexiblen Gesetze von Hierarchie, Arbeitsteilung, Über- und Unterordnung, Herrschaft und Abhängigkeit: Die strukturellen und institutionellen Rahmenbedingungen der Arbeit sind nicht das Ergebnis herrschaftsfreier und fachlich qualifizierter Diskurse all derer, die hier verantwortlich arbeiten; nicht selten ist das Gegenteil der Fall: die Institution, die Organisation verfolgt immer (auch) ganz andere Interessen und Ziele; die offiziellen, programmatischen Leitziele der Organisation und die strukturell verfestigten Organisationsziele stehen mehr oder weniger gegeneinander. Und deshalb müssen sich Organisationen in der Regel energisch schützen vor allen Versuchen der verantwortlichen Mitarbeiter, die strukturellen Bedingungen ihrer Arbeit den fachlichen Anforderungen anzupassen. Sie werden »eingebunden«, in Abhängigkeit gehalten: durch Arbeitsteilung, Hierarchisierung, Privilegien und Sanktionen.

Und diese objektive Diskrepanz wird von den verantwortlichen *und* abhängigen Erzieherinnen und Erziehern als widersprüchliche Arbeitsanforderung chronisch erlebt. Etwas überspritzt und auf die Regelschule zugeschnitten: Ihr professioneller Auftrag ist, zu erziehen, zu fördern, zu bilden und zu lehren, dabei die unterschiedlichen Fähigkeiten und Begabungen ihrer Schüler zu berücksichtigen und ihre unterschiedlichen Ausgangsbedingungen und Voraussetzungen auszugleichen – und das unter demokratischen, respektvollen und toleranten Lernbedingungen.

Doch dieser professionelle Auftrag ist eingebettet, besser: eingezwängt in schulische Lern- und Arbeitsstrukturen, die Abhängigkeit, Unmündigkeit, Respektlosigkeit, individuellen Ehrgeiz, Rücksichtslosigkeit, Rivalität und Konkurrenzdenken fördern – und ein Klima sozialer Beziehungen in der Schule bewirken, das eher feindselig gegenüber Bildungs-, Entwicklungs- und Lernprozessen zum mündigen, aufgeklärten und sozial verantwortlichen Bürger ist.

Dieser Widerspruch mag je nach Schule und Schultyp mehr oder weniger hart und mehr oder weniger unversöhnlich sein – vom pädagogischen Personal muss er in der Alltagspraxis permanent ausbalanciert werden. Hinter diesem Widerspruch steht letztlich der bekannte Tatbestand, dass ein demokratischer Bildungs- und Erziehungsauftrag in einem vordemokratisch strukturierten ständischen Bildungssystem umgesetzt werden soll.

Diese Diskrepanz zwischen dem programmatischen und demokratischen Erziehungs- und Bildungsauftrag einerseits und dem geheimen, strukturell verfestigten Lehrplan eines selektiven, sozial diskriminierenden Schulsystems andererseits infiziert aufs Tiefste die schulischen Bildungs- und Arbeitsprozesse: Die Frage nach der strukturellen Verantwortlichkeit der Pädagogen darf in diesem Bildungssystem nicht wirklich geklärt werden!

Im Wolkenkuckucksheim des Hessischen Bildungs- und Erziehungsplans dagegen kennt man eine solche Realität nicht – munter, ebenso eindeutig wie unbedacht, wird dort diese Frage beantwortet. Die beiden Dienstherrinnen fordern ihre professionellen Erzieherinnen und Erzieher, Lehrerinnen und Lehrer ohne Vorbehalt auf: »Lassen Sie sich mit viel Kreativität, Freude und Neugier auf die Philosophie des Bildungs- und Erziehungsplans ein und gestalten sie seine Umsetzung aktiv mit uns.«

In den folgenden Abschnitten werde ich mich an diese knifflige Frage nach der strukturellen Verantwortlichkeit der Pädagogik wagen. Dass hier nicht mit verbindlichen Antworten zu rechnen ist, liegt auf der Hand. Aber vielleicht gelingt es, die Berechtigung dieser Frage und ihre Dringlichkeit plausibel zu machen. Dass ich *für* eine solche strukturelle Verantwortung plädieren werde, liegt nach den bisherigen Überlegungen nahe. Über die Konsequenzen aber ist noch viel zu sagen.

Erziehung zur Mündigkeit – oder: mündige Erziehung[72]

Am 16. Juli 1969 war Theodor W. Adorno zum letzten Mal im Frankfurter Funkhaus, wo er mit Hellmut Becker, dem damaligen Direktor des Instituts für Bildungsforschung, ein Radiogespräch unter dem Titel »Erziehung zur Mündigkeit« führte.[73] Diese Sendung beendete eine Folge von pädagogischen Disputationen, die 1959 mit dem Titel: »Was bedeutet: Aufarbeitung der Vergangenheit« eröffnet worden war. Ich beginne mit den einleitenden Sätzen dieses Gesprächs:

> *Adorno:* Die Forderung zur Mündigkeit scheint in einer Demokratie selbstverständlich. Ich möchte, um das zu verdeutlichen, mich nur auf den Anfang der ganz kurzen Abhandlung von Kant beziehen, die den Titel trägt »Beantwortung der Frage: Was ist Aufklärung?« Da definiert er die Unmündigkeit und impliziert dadurch auch die Mündigkeit, indem er sagt, selbstverschuldet sei diese Unmündigkeit, wenn die Ursachen derselben nicht am Mangel des Verstandes, sondern der Entschließung und des Mutes liegen, sich seiner ohne Leitung eines anderen zu bedienen. »Aufklärung ist der Ausgang des Menschen aus seiner selbstverschuldeten Unmündigkeit.« … Demokratie beruht auf der Willensbil-

---

72 Die beiden folgenden Abschnitte gehen auf Vorträge zurück, die ich im Rahmen der Deutsch-Polnischen Lehrerbegegnung in Leipzig vom 26. 2. bis 2. 3. 2007 zum Thema *Zivilcourage in der Schule* der *Weiße Rose-Stiftung e. V.* München hielt. Für Anregungen durch Klaus Ahlheim (2007: 10-32; 2008: 25-51) danke ich.

73 Theodor W. Adorno 1969: 9; die folgenden Seitenangaben im Text beziehen sich auf diese Sammlung.

dung eines jeden Einzelnen, wie sie sich in der Institution der repräsentativen Wahl zusammenfasst. Soll dabei nicht Unvernunft resultieren, so sind die Fähigkeit und der Mut jedes Einzelnen, sich seines Verstandes zu bedienen, vorausgesetzt.

Becker: Mir scheint, dass wir an unserem gesamten Bildungswesen, so wie wir es bisher in der Bundesrepublik hatten, deutlich machen können, dass wir eigentlich nicht zur Mündigkeit erzogen werden. Wenn Sie sich die ganz einfache Tatsache der Dreigliedrigkeit unseres Bildungswesens in Schulen für sogenannte Hochbegabte, in Schulen für sogenannte Mittelbegabte und in sehr vielen Schulen für offenbar kaum Begabte klarmachen, dann ist in ihr eine bestimmte erste Unmündigkeit bereits vorgebildet. (133)

So zwingend und selbstverständlich die »Forderung zur Mündigkeit« scheint, so hart und unüberwindlich scheinen den beiden Gesprächspartnern damals die Grenzen einer »Erziehung zur Mündigkeit«. Dieses bundesrepublikanische Bildungswesen ist offensichtlich für eine solche Zielsetzung nicht geeignet – passt dafür aber glänzend zu den gesellschaftlichen Verhältnissen:

Becker: Das heißt nun, … Mündigkeit durch Abbau der überkommenen Dreigliederung und durch ein sehr differenziertes, vielfältiges Bildungsangebot auf allen Stufen von der Vorschule bis zur ständigen Weiterbildung, um auf diese Weise die Mündigkeit im Einzelnen zu entfalten. Ein Prozess, der umso wichtiger wird, als dieser Einzelne seine Mündigkeit ja in einer Welt zu behalten hat, die ihn insbesondere durch ihre Fremdsteuerung zu bestimmen scheint. (134)

Adorno: Ob wir heute noch … sagen können, dass wir in einem Zeitalter der Aufklärung leben, ist angesichts des unbeschreiblichen Drucks, der auf die Menschen ausgeübt wird, einfach durch die Einrichtung der Welt und bereits durch die planmäßige Steuerung auch der gesamten Innensphäre durch die Kulturindustrie in einem allerweitesten Sinn sehr fragwürdig geworden. … Der Grund dafür ist natürlich der gesellschaftliche Widerspruch, dass die gesellschaftliche Einrichtung, unter der wir leben, nach wie vor heteronom ist, das heißt, dass kein Mensch in der heutigen Gesellschaft wirklich nach seiner eigenen Bestimmung existieren kann; dass, solange das so ist, die Gesellschaft durch ungezählte Vermittlungsinstanzen und Kanäle die Menschen so formt, dass sie innerhalb dieser heteronomen … Gestalt alles schlucken und akzeptieren. Das reicht dann natürlich auch bis in die Institutionen. (144)

Erziehung zur Mündigkeit in einer Gesellschaft, die zutiefst von Herrschaft und Abhängigkeit geprägt ist: das ist die Plage des Sisyphos. Und sie erscheint ebenso vergeblich und sinnlos, weil ohne Chance, die gesellschaftlichen Grenzen der Erziehung zu überwinden: Der mündige Mensch steht fortgesetzt in der Gefahr, ein unmündiger zu werden:

Adorno: Diese Gefahr möchte ich nachdrücklich unterstreichen. Und zwar ganz einfach aus dem Grund, weil nicht nur die Gesellschaft, wie sie ist, die Menschen unmündig hält, sondern weil bereits jeder ernsthafte Versuch, sie zur Mündigkeit zu bewegen – das Wort »erziehen« vermeide ich mit Absicht –, unbeschreiblichen Widerständen ausgesetzt ist, und weil alles Schlechte in der Welt sofort seine beredten Anwälte findet, die einem beweisen werden, dass gerade das, was man dabei will, schon längst überholt oder nicht mehr aktuell oder utopisch ist. (147)

Adornos Schluss kommt jenem Innehalten nahe, das Sisyphos in der Unterwelt einmal erlebte – aber nicht nutzen konnte:

Adorno: Ich möchte das Gespräch am liebsten damit schließen, dass wir unseren Zuhörern das Phänomen zu bedenken

> geben, das gerade im Eifer des Änderungswillen allzu leicht verdrängt wird, dass Versuche, in irgendeinem partikularen Bereich unserer Welt wirklich eingreifend zu ändern, sofort der überwältigenden Kraft des Bestehenden ausgesetzt sind und zur Ohnmacht verurteilt scheinen. Wer ändern will, kann es wahrscheinlich überhaupt nur, indem er diese Ohnmacht selber und seine eigene Ohnmacht zu einem Moment dessen macht, was er denkt und vielleicht auch was er tut. (147)

Die Chancen für eine *Erziehung zur Mündigkeit* im institutionellen Rahmen von Schule – so wie sie ist – und in dieser Gesellschaft – so wie sie ist – werden von Adorno überaus realistisch, das heißt: sehr gering eingeschätzt: Die »einzige wirkliche Konkretisierung der Mündigkeit« bestehe darin, »dass die paar Menschen, die dazu gesonnen sind, mit aller Energie darauf hinwirken, dass die Erziehung eine Erziehung zum Widerspruch und zum Widerstand ist« (145).

Ob Adorno von *Erziehung zur Mündigkeit* spricht, ob er die *Entbarbarisierung* (120-132) oder die *Forderung, dass Auschwitz nicht noch einmal sei* (88-104) als die vordringlichste Frage aller Erziehung bestimmt: stets geht es ihm um *Erziehung zum Widerstand* gegen die gesellschaftlichen Grenzen der Erziehung. Und in diesem Punkt bleibt gültig, was er vor genau 50 Jahren in seinem Vortrag über die Frage *Was bedeutet: Aufarbeitung der Vergangenheit* sagte:

> Dass der Faschismus nachlebt; dass die vielzitierte Aufarbeitung der Vergangenheit bis heute nicht gelang ... rührt daher, dass die objektiven gesellschaftlichen Voraussetzungen fortbestehen, die den Faschismus zeitigten. Er kann nicht wesentlich aus subjektiven Dispositionen abgeleitet werden. Die ökonomische Ordnung und, nach ihrem Modell, weithin auch die ökonomische Organisation, verhält nach wie vor

die Majorität zur Abhängigkeit von Gegebenheiten, über die sie nichts vermag, und zur Unmündigkeit. Wenn sie leben wollen, bleibt ihnen nichts übrig, als dem Gegebenen sich anzupassen, sich zu fügen; sie müssen eben jene autonome Subjektivität durchstreichen, an welche die Idee von Demokratie appelliert, können sich selbst erhalten nur, wenn sie auf ihr Selbst verzichten. ... Die Notwendigkeit solcher Anpassung, die zur Identifikation mit Bestehendem, Gegebenen, mit Macht als solcher, schafft das totalitäre Potential. Es wird verstärkt von der Unzufriedenheit und der Wut, die der Zwang zur Anpassung selbst produziert und reproduziert. (22)

Dieses aufgeklärte Wissen über die gesellschaftlichen und politischen Grenzen der Erziehung hat nichts an Aktualität eingebüßt – und ist himmelweit entfernt von den selbstverliebten Größenphantasien des pädagogischen Jargons, wie er uns im Hessischen Bildungs- und Erziehungsplan gleichermaßen übermütig wie unreflektiert serviert wurde. Auch wenn ich an dieser Stelle meine Überlegungen nicht beende, so soll – als Warnung für die Leser und Mahnung an den Schreiber – Adornos Resümee aus dem Jahr 1959 noch in Erinnerung gerufen werden:

Nimmt man jedoch das objektive Potential eines Nachlebens des Nationalsozialismus so schwer, wie ich es glaube nehmen zu müssen, dann setzt das auch der aufklärenden Pädagogik ihre Grenzen. Mag sie nun soziologisch oder psychologisch sein, praktisch erreicht sie ohnehin wohl meist nur die, welche dafür offen und eben darum für den Faschismus kaum anfällig sind. Andererseits jedoch ist es keineswegs überflüssig, auch diese Gruppe gegen die nicht-öffentliche Meinung durch Aufklärung zu stärken. (24)

In seinen Vorträgen und Texten zur Erziehung steht bei Adorno in der Regel fest, wer hier als Erzieher angesprochen und wer als zu Erziehender gemeint ist. Erziehung zur Mündigkeit ist die – wie immer auch schwierige, kaum lösbare oder auch schier unmögliche – Aufgabe der Erzieherinnen und Erzieher, Lehrerinnen und Lehrer. Doch meine Frage verlangt an dieser Stelle einen Perspektivwechsel. Denn sie richtet sich auf die *strukturelle Verantwortung* der Professionellen – und damit bekommt die *Erziehung zur Mündigkeit* einen neuen Adressaten. Denn um nichts anderes geht es, falls es eine strukturelle Verantwortung der Erzieher geben sollte, als um die *berufliche Mündigkeit* und um die Frage nach der Erziehung zu dieser beruflichen Mündigkeit – eine sehr alte Frage, die Karl Marx schon vor mehr als 150 Jahren stellte:

> Die materialistische Lehre von der Veränderung der Umstände und der Erziehung vergisst, dass die Umstände von den Menschen verändert und der Erzieher selbst erzogen werden muss. Sie muss daher die Gesellschaft in zwei Teile – von denen der eine über ihn erhaben ist – sondieren.
> Das Zusammenfallen des Änderns der Umstände und der menschlichen Tätigkeit oder Selbstveränderung kann nur als *revolutionäre Praxis* gefasst und rational verstanden werden.[74]

Wer bei dem Begriff der *revolutionären Praxis* Schluckbeschwerden bekommt, sollte versuchen, sein historisches Wissen über die sozialistischen oder kommunistischen Revolutionen hintanzustellen. Der junge Marx meinte hier mit *revolutionärer Praxis* vielleicht nicht sehr viel mehr, aber sicher auch nicht weniger als jenen entschlossenen Widerstand gegen gesellschaftliche Herrschaft und Unterdrückung, in dem sich die Akteure – handelnd und lernend – mit den Verhältnissen radikal selbst verändern. Und dar-

---

74 Karl Marx 1953: 339f.

um dürfte es dann wohl gehen, wenn Erzieherinnen und Erzieher, Lehrer und Lehrerinnen beginnen, ihre strukturelle Verantwortung für die Verhältnisse, unter denen sie ihre Arbeit machen müssen, zu akzeptieren und in einem weiteren Schritt eben diese Verhältnisse in Frage zu stellen und zu verändern.[75] Die Frage also, wer die Erzieher erzieht, muss nicht in eine hierarchische Schraube von Über- und Über-Über-Erziehern münden: Es ist die Praxis des Widerspruchs, des Widerstands, der beruflichen Mündigkeit, in der die Verhältnisse geändert werden und sich die Menschen selbst verändern. Und Mündigkeit hieße hier ganz im Sinne Kants: die Bereitschaft, die Entschiedenheit und der Mut, sich in seiner beruflichen Arbeit des eigenen Verstandes »ohne Leitung eines anderen« zu bedienen. Das wäre eine *mündige Erziehung,* eine Erziehung durch mündige Erzieher, die sich ihrer strukturellen Verantwortung bewusst sind und diese praktisch umzusetzen versuchen. Da dies nur im Widerspruch und Widerstand zum herrschenden Bildungs- und Erziehungssystem möglich sein dürfte und dabei verfasste Regeln, Erlasse und Gesetze nicht unbesehen Gehorsam fordern können, stellt sich zwingend die Frage nach der Legitimation beruflichen Widerstands.

---

75 Denn wer wollte bestreiten, dass eine Berufsgruppe, die im pädagogischen System Kindheit und Jugend verbrachte, anschließend im nämlichen System die Berufsausbildung erfuhr, um den Rest des Arbeitslebens in eben diesem System beruflich zu arbeiten, dass diese Berufsgruppe eine radikale »Selbstveränderung« benötigt und erfahren wird, wenn sie beginnt, dieses System grundlegend zu verändern!

Beruflicher Ungehorsam – Testfall für ein demokratisches Bildungssystem?

Jürgen Habermas schrieb einen Kommentar zum Herbst 1983, dessen Titel ich mir – leicht verändert – ausgeborgt habe.[76] Es geht ihm um die Frage der Legitimität zivilen Ungehorsams – und damit auch um die Frage nach der Legitimität des Widerstands gegen verfasstes Recht, also gegen Legalität. Zunächst eine knappe Skizze der damaligen Situation: Das Schlagwort vom »heißen Herbst« war im Umlauf und »erhitzte die Gemüter im voraus« und polarisierte die politische Auseinandersetzung. Auf der einen Seite formierten sich Widerstand und Protest aus Friedens-, Umweltschutz- und Frauenbewegung:

> Nun sind für die Herbstmonate entschiedene und variationsreiche Demonstrationen gegen die erwartete Aufstellung von Cruise Missiles und Pershing II-Raketen angekündigt worden, unter anderem Blockaden, verkehrsbehindernde Menschenketten, die-ins und andere Äußerungen des zivilen Ungehorsams. (81)

Auf der anderen Seite und dagegen rüstete die sogenannte Obrigkeit präventiv auf:

> Das tonangebende bayerische Duo der Bundesregierung, die Herren Zimmermann und Spranger, singt den Refrain auf den Vers, der ihm seit Monaten von der FAZ vorgespielt wird: »Gewaltloser Widerstand *ist* Gewalt.« … Die Anwälte einer Verschärfung des Demonstrationsstrafrechts haben in der Diskussion der letzten Monate die Tendenz verfolgt, den

[76] Jürgen Habermas 1985: 79-99; die folgenden Seitenangaben im Text beziehen sich auf diese Sammlung.

> Begriff der Gewalt über Tatbestände der Gewalttätigkeit hinaus auf unkonventionelle Formen der politischen Willensbildung auszudehnen. (79)

Und die verfasste öffentliche Meinung tat alles, um die Polarisierung des anstehenden politischen Konflikts zuzuspitzen:

> Und die Presse berichtet über diese Pläne (der Widerstandsbewegung) wie über die Kriegsvorbereitungen eines Angreifers, der die nationale Sicherheit bedroht. Nachrichten über die Protestszene werden wie geheimdienstliche Erkenntnisse über feindliche Truppenbewegungen gehandelt. Friedenscamps gewinnen das Aussehen von Partisanennestern. (81)

Aus diesem verengten Blickwinkel könne, so Habermas, an den Protestformen genau jenes Element nicht mehr wahrgenommen werden, welches die neuen sozialen Bewegungen auszeichnete: Die gegenwärtige Protestbewegung gebe »zum ersten Mal die Chance, auch in Deutschland zivilen Ungehorsam als Element einer reifen politischen Kultur begreiflich zu machen« (81).

Der notwendige Ort des zivilen Ungehorsams in der Demokratie ist nach Habermas das Spannungsverhältnis von Legitimität und Legalität. Dabei gibt es für ihn einen, wenn auch nur noch dünnen Bezug zu den historischen Erfahrungen mit dem deutschen Faschismus: Dass die Legalität einer politischen Entscheidung sich nicht per se mit ihrer Legitimität decke, bedürfe »im Jahre der 50. Wiederkehr des 30. Januar 1933 keiner weiteren Erklärung«:

> Denn weder die Einhaltung des Rechtsweges noch die Autorität der wissenschaftlichen Jurisprudenz bieten vor der moralischen Entwurzelung einer der Form nach intakten Rechtsordnung und Rechtswissenschaft einen automatischen Schutz. ... Der Rechtsstaat ... steht vor einer paradoxen Auf-

> gabe. Er muss das Misstrauen gegen ein in legalen Formen auftretendes Unrecht schützen und wachhalten, obwohl es eine institutionell gesicherte Form nicht annehmen kann. ... Das Paradox findet seine Auflösung in einer politischen Kultur, die die Bürgerinnen und Bürger mit der Sensibilität, mit dem Maß an Urteilskraft und Risikobereitschaft ausstattet, welches in Übergangs- und Ausnahmesituationen nötig ist, um legale Verletzungen der Legitimität zu erkennen und um notfalls aus moralischer Einsicht auch ungesetzlich zu handeln. ... Die Möglichkeit des berechtigten zivilen Ungehorsams ergibt sich ... allein aus dem Umstand, dass auch im demokratischen Rechtsstaat legale Regelungen illegitim sein können. (86f)

Weil es – auch in einer Demokratie – keine Garantie dafür gibt, dass in entscheidenden Fragen Legalität und Legitimität sich decken, ist für Habermas »ziviler Ungehorsam (ein) Element einer reifen politischen Kultur«:

> Jede rechtsstaatliche Demokratie, die ihrer selbst sicher ist, betrachtet den zivilen Ungehorsam als normalisierten Bestandteil ihrer politischen Kultur. (81)

Habermas formuliert eine Reihe einschränkender Kriterien und Bedingungen, unter denen ziviler Ungehorsam legitim sein kann:

> Ziviler Ungehorsam ist ein moralisch *begründeter* Protest, dem nicht nur private Glaubensüberzeugungen oder Eigeninteressen zugrunde liegen dürfen; er ist ein *öffentlicher* Akt, der in der Regel angekündigt ist und von der Polizei in seinem Ablauf kalkuliert werden kann; er schließt die *vorsätzliche Verletzung* einzelner Rechtsnormen ein, ohne den Gehorsam gegenüber der Rechtsordnung im ganzen zu affizieren; er verlangt die Bereitschaft, für die rechtlichen *Folgen* der Normverletzung *einzustehen;* die Regelverletzung, in der sich ziviler Ungehorsam äußert, hat ausschließlich

> *symbolischen Charakter* – daraus ergibt sich schon die Begrenzung auf *gewaltfreie Mittel* des Protestes. (83f)

Ziviler Ungehorsam, so Habermas, kann dann als legitim gelten, wenn legale politische Entscheidungen anerkannte gesellschaftspolitische Grundnormen gefährden oder verletzen:

> Wer in normativer Absicht Legalität von Legitimität unterscheiden möchte, muss sich freilich zutrauen, diejenigen legitimierenden Verfassungsprinzipien auszuzeichnen, die gute Gründe für sich haben und Anerkennung *verdienen.* Wie können aber solche Grundnormen, beispielsweise die Grundrechte, die Garantie der Rechtswege, die Volkssouveränität, die Gleichheit vor dem Gesetz, das Sozialstaatsprinzip usw. gerechtfertigt werden? (85f)

Die Antwort bezieht Habermas aus Artikel 1 Absatz 2 des Grundgesetzes mit seinem *Bekenntnis* zu unverletzlichen und unveräußerlichen Menschenrechten; mit diesem Bekenntnis werde zum Ausdruck gebracht, »dass die Grundrechte auch die übergesetzliche Geltung legitimierender Verfassungsprinzipien genießen« (86).

Wenn *zum einen* die Legitimität zivilen Ungehorsams und Widerstands im demokratischen Rechtsstaat prinzipiell nicht bestritten werden kann; und wenn *zum anderen* darüber hinaus Verständigung erzielt wurde über die einschränkenden Kriterien der Ausübung zivilen Ungehorsams; so bleibt *schließlich* noch die Frage nach der spezifischen Situation, die die Regelverletzungen als zivilen Ungehorsam rechtfertigen kann. Eine eindeutige Antwort gibt Habermas nicht, sie ist hier auch nicht zu erwarten. Das Recht auf zivilen Ungehorsam kann nicht formal legalisiert werden, »es bleibt aus guten Gründen in der Schwebe zwischen Legitimität und Legalität« (97). Die demokratische Tugend des zivilen Ungehorsams verlangt – wie die Mündigkeit – ein hohes Maß an Urteilskraft und Risikobereitschaft, das nötig ist, »um legale Verletzungen der Legitimität zu erkennen und um notfalls aus moralischer Einsicht auch ungesetzlich zu handeln«.

Ich denke, die Frage nach der Legitimität beruflichen Ungehorsams und beruflichen Widerstandes kann durchaus analog zu der nach dem Recht auf zivilen Ungehorsam beantwortet werden. Die prinzipielle Legitimität beruflichen Widerstands dürfte kaum ernsthaft bezweifelt werden – schon gar nicht in einem Feld, das durch das grundgesetzlich gesicherte Recht auf Bildung bestimmt ist. Vor allem in diesem Recht aller Kinder und Jugendlichen auf Bildung findet das Recht der Pädagogen auf beruflichen Widerstand seine Legitimation – aber auch seine Begrenzung. Soll durch beruflichen Widerstand das Recht der Kinder und Jugendlichen auf Bildung gegen gravierende, gleichwohl legale Verletzungen oder Einschränkungen verteidigt werden, dann müssen die Widerstandsformen überaus sensibel die realen Abhängigkeitsbeziehungen zu den Kindern und Jugendlichen berücksichtigen.

Für eine Pädagogik der strukturellen Verantwortung und des beruflichen Widerstands

Das Recht und die Pflicht der Erzieherinnen und Erzieher, der Lehrerinnen und Lehrer zur strukturellen Verantwortung scheinen mir fraglos. Auch die fachlichen Kriterien, an denen sich dieses Recht und diese Pflicht auszurichten haben, dürften nicht in Frage stehen. Die Schulgesetze der Bundesländer in Verbindung mit der bundesrepublikanischen Verfassung sprechen hier eine deutliche Sprache. So kann ich an den Anfang meiner Überlegungen zurückkehren: Die Resilienzforschung erlaubt selbstverständlich auch strukturelle Folgerungen wie Merkmale, Kriterien oder auch Anforderungen an eine *gute Schule,* als *Lebens-, Lern- und Handlungsraum*, eine Schule, die ihre Strukturen vorrangig am Konzept der resilienzstärkenden Lern- und Arbeitsbedingungen ausrichtet:

> So soll »die Förderung positiver Peer-Kontakte innerhalb der Schule« ihren Ort haben, »Möglichkeiten vielfältiger Anlässe für Partizipation und konkrete Verantwortungsübernahme durch Schüler« sollen in der Schule angeboten werden, »ein sich gegenseitig wertschätzendes und respektvolles Klima in der Schule und die Sensibilisierung der Lehrkräfte für die Qualität interpersoneller Prozesse in der Schule« sollen die sozialen Beziehungen an der Schule prägen; »die erweiterte Lernzeit im Rahmen von Ganztagsbeschulung und die Öffnung für außerschulische Lernangebote« sollen für die Nachhaltigkeit sorgen. »Eine enge, direkt aufsuchende Zusammenarbeit mit den Eltern, unterstützt durch Schulsozialarbeit und die Kooperation mit außerschulischen Einrichtungen als Erziehung unterstützende Maßnahmen mit dem Blick auf Netzwerkbildung« sind selbstverständliche Aufgaben dieser guten Schule.[77]

So liegt denn auch – zumindest in Hessen – ein anerkannter, verpflichtender »Erziehungs- und Bildungsplan« vor, der über die Kriterien und Maßstäbe struktureller Verantwortung keine Zweifel lässt.

---

[77] Margit Theis-Scholz 2007: 268.

Durchaus Zweifel jedoch sind angebracht, wenn es darum geht, diese strukturelle Verantwortung in der beruflichen Praxis umzusetzen. Sehr schnell dürfte hier die Zustimmung der Obrigkeit wie ein großer Luftballon platzen. Und das schon beim ersten Schritt, dem Innehalten. Denn fast alles, was da »von oben« kommt und sich als »Reform« schmückt, nötigt zum Gegenteil: Der Marmorblock des Sisyphos wird größer, unhandlicher, der Berg höher, das geforderte Tempo nimmt zu, die Pausen werden abgebaut. Schon dieser erste Schritt des Innehaltens bringt also die Notwendigkeit des Sich-Verweigerns, des Widerstehens, des beruflichen Ungehorsams mit sich – und verurteilt jeden Einzelkämpfer und Heroen zum Scheitern. Dies ist die erste harte Grenze struktureller Verantwortung.

Denn mit Widerstand »von oben« ist zu rechnen – und Widerstand »von unten« muss eingeübt und gelernt werden: in kollegialen und solidarischen Arbeitszusammenhängen. Strukturelle Verantwortung beginnt in der eigenen Einrichtung – hier hat sie sogar im bundesdeutschen Erziehungs- und Bildungssystem noch am ehesten Chancen. Überall im Lande gibt es hervorragende Einzelfälle: Modellkindergärten, Modellschulen, Modellprojekte und Modellprogramme. Und hier überall sucht strukturelle Verantwortung der professionellen Mitarbeiterinnen und Mitarbeiter Raum und die Chance, dass in verändernder Praxis sich auch die Akteure verändern. Aus diesen Modellen ist immer wieder zu hören, dass – wie partikular und wie vorübergehend auch immer – für die dort arbeitenden Erzieherinnen und Erzieher sich neue Erfahrungen und Möglichkeiten beruflicher Arbeit eröffnen. Hier prägt nicht mehr nur die elende Situation des Sisyphos den pädagogischen Alltag, und auch die Tantalos-Situation vieler Schüler kann unter diesen Bedingungen ihre quälende

Ausschließlichkeit einbüßen. Doch es gibt auch hier eine unsichtbare, gleichwohl wirksame und trennende Mauer: Fast nie überschreiten diese Modellversuche ihre eigenen institutionellen Grenzen, fast nie werden sie zu Ausgangsorten strukturellen Wandels. Sie bleiben isolierte Inseln.

Strukturelle Verantwortung stößt hier an ihre zweite gesellschaftliche Grenze. Diese systematisch zu überwinden, durch Erfahrungsaustausch und Vernetzung durchlässig zu machen, erfordert vor allem Zeit sowie die Bereitschaft und Fähigkeit, sich diese Zeit zu nehmen. Noch deutlicher ist an dieser zweiten Grenze der unvermeidbare Zusammenhang von struktureller Verantwortung und der Verweigerung von verfassten beruflichen Pflichten und Aufträgen.

Hier reichen die kollegialen und solidarischen Strukturen vor Ort und in der eigenen Einrichtung nicht mehr aus – weitergehende, belastbare Arbeitsbündnisse müssen aufgebaut werden, mit anderen Einrichtungen, mit anderen Berufsgruppen, mit Verbänden, mit Elternschaften, mit Medien...

Doch alles ist längst gesagt und bekannt – ebenso wie die fast stereotypen Antworten auf diese Anforderungen: Wir arbeiten längst am Limit unserer Kräfte – für alles das, was da notwendig wäre, haben wir nichts übrig: keine Zeit, keine Kraft, keine Luft. Nicht anders fiele die Antwort des Sisyphos aus, wenn er überhaupt noch zum Zuhören und Antworten fähig wäre – »von schwerer Mühe gefoltert, … dass der Angstschweiß seinen Gliedern entfloß und Staub sein Antlitz umwölkte«.

Ohne strukturelle Verantwortung ist die pädagogische nicht zu haben

Der Kreis schließt sich und ich komme zum Anfang zurück. Zwei Arbeitsfelder der öffentlichen Bildung und Erziehung sind »professionell« nur etwas, nur wenig oder gar nicht besetzt:

- Das ist *zum einen* das Feld der qualifizierten sozialen Beziehung der Professionellen zu den Kindern und Jugendlichen, für die sie verantwortlich sind. Zwar finden allenthalben und unentwegt soziale Beziehungen statt, doch ihre systematische professionelle Reflexion, Entwicklung und Pflege ist weder fester Bestandteil der beruflichen Ausbildung noch der beruflichen Praxis. Dabei weiß Pädagogik längst, dass die Beziehung der Erzieherinnen und Erzieher, der Lehrerinnen und Lehrer zu »ihren« Kindern und Jugendlichen das A und O aller Entwicklungs- und Lernprozesse ist. Gemessen an dieser zentralen Bedeutung der sozialen Beziehung muss hier von einer folgenreichen Blindheit gesprochen werden. Die aber ist nicht in erster Linie als ein persönliches Defizit der Professionellen zu verstehen, denn sie ist geradezu institutionell aufgenötigt. Der geschulte, sorgfältige Blick auf das einzelne Kind, den einzelnen Jugendlichen ist unter den gegebenen Arbeitsbedingungen nicht möglich – und im Bildungssystem strukturell auch gar nicht vorgesehen.
- *Zum anderen* ist da das Feld der qualifizierten, sorgfältigen Reflexion, Pflege und Veränderung des sozialen Raums, in dem Erziehung und Bildung, Lernen und Entwicklung stattfinden. So wie die Qualität der

> sozialen Beziehungen ist auch die Qualität des sozialen Raumes – im Guten wie im Schlechten – von höchster Wichtigkeit für die Qualität von Lern- und Bildungsprozessen. Und auch hier gilt, dass dieses wichtige Feld pädagogischer Arbeit weder in der beruflichen Ausbildung noch in der beruflichen Praxis hinreichend professionell bedacht, reflektiert und organisiert ist – eine nicht minder folgenreiche Blindheit, von der ebenfalls gilt, dass sie primär nicht als ein persönliches Defizit der Professionellen verstanden werden kann. Denn auch diese Blindheit ist institutionell aufgenötigt: Der geschulte und sorgfältige professionelle Blick auf die strukturellen Bedingungen des sozialen Raums »Schule« oder »Kindergarten« würde in der Regel einen Veränderungsdruck bewirken, der nur noch schwer in Zaum gehalten werden könnte. Die strukturelle Verantwortungslosigkeit ist die Garantie für das Fortbestehen eines Bildungssystems, das sich eben nicht am Recht aller Kinder auf öffentliche Bildung und Erziehung und am Sozialstaatsgebot der ausgleichenden sozialen Gerechtigkeit orientiert, sondern an seinem vordemokratischen Auftrag der sozialen Auslese und der Sicherung sozialer Ungleichheit und Privilegien.

Diese zweifache »Professionalisierungslücke« schützt die gesellschaftlichen Grenzen der Pädagogik. Pädagogische Verantwortung und strukturelle Verantwortung sind untrennbar. Wer über die strukturelle Verantwortlichkeit der Professionellen im öffentlichen Bildungswesen nicht sprechen will, sollte über ihre erzieherische Verantwortlichkeit schweigen. Doch das Gegenteil ist, wie der Hessische Bildungs- und Erziehungsplan demonstriert, der Fall: Pädagogik im Wolkenkuckucksheim schwadroniert in den höchsten Tönen über Bildung und Erziehung – und verleugnet den antagonistischen Widerspruch zwischen der realen Abhängigkeit des Bildungssystems von den gesellschaftlichen Verhältnissen, die es in ihre Grenzen zwingen, und dem emanzipatorischen, demokratischen Auftrag, der »dort oben« seine Auferstehung und Himmelfahrt feiert und »hier unten« mit Füßen getreten wird. Der pädagogische Jargon – darin der würdelose Nachfolger schlechter Religion – verschleiert diesen Widerspruch und ist zugleich sein Ausdruck und Symptom.

Literatur

Adorno, Th. W. (1964): Jargon der Eigentlichkeit – Zur deutschen Ideologie. Frankfurt am Main.

Adorno, Th. W. (1969): Erziehung zur Mündigkeit – Vorträge und Gespräche mit Hellmut Becker 1959-1969; herausgegeben von Gerd Kadelbach. Frankfurt am Main

Ahlheim, K. (2007): Ungleichheit und Anpassung – Zur Kritik der aktuellen Bildungsdebatte; Hannover.

Ahlheim, K. (2008): Mut zur Erkenntnis – Über das Subjekt politischer Erwachsenenbildung; Schwalbach/Ts.

Bernfeld, S. (1967/1925): Sisyphos oder die Grenzen der Erziehung, Frankfurt am Main.

Bernfeld, S. (1969/1928): Sisyphos oder die Grenzen der Erziehung, Vorwort zur zweiten Auflage; in: L. v. Werder/Reinhart Wolff (Hrsg.) Antiautoritäre Erziehung und Psychoanalyse Band 1: 1-373; Band 2: 381-683; Darmstadt: 468ff.

Bernfeld, S. (1969/1931): Die Tantalussituation – Bemerkungen zum »kriminellen Überich«, in: Imago, 17. Bd. (1931): 252-267; in: L. v. Werder/Reinhart Wolff (Hrsg.) Antiautoritäre Erziehung und Psychoanalyse Band 1: 1-373; Band 2: 381-683; Darmstadt: 649ff.

Bernfeld, S. (1969/1929): Der soziale Ort und seine Bedeutung für Neurose, Verwahrlosung und Pädagogik, in: Imago 1929, 15. Jg.: 299-312; in: L. v. Werder/Reinhart Wolff (Hrsg.) Antiautoritäre Erziehung und Psychoanalyse Band 1: 1-373; Band 2: 381-683; Darmstadt: 198ff.

Bourdieu, P. (1997): Das Elend der Welt. Zeugnisse und Diagnosen alltäglichen Leidens an der Gesellschaft. Konstanz.

Cohen, Y. (2004): Das misshandelte Kind. Frankfurt am Main

Dammasch, F. (2006): Der Schulstörer, die mächtige Mutter und das Problem mit dem väterlichen Gesetz in: Freyberg, T. v./A. Wolff 2006: 121-149.

Freyberg, T. v. (2004): Alles egal! – Autonomie als Abwehr; in: Ahrbeck, B./Rauh, B. (Hrsg.) (2004): Behinderung zwischen Autonomie und Angewiesensein. Stuttgart/Berlin/Köln.

Freyberg, T. v./A. Wolff (Hrsg.) (2005): Störer und Gestörte – Band 1: Konfliktgeschichten nicht beschulbarer Jugendlicher. Frankfurt am Main.

Freyberg, T. v./A. Wolff (Hrsg.) (2006): Störer und Gestörte – Band 2: Konfliktgeschichten als Lernprozesse. Frankfurt am Main.

Freyberg, T. v./A. Wolff (2008): Ressourcenorientierung – ein Beitrag zur Konfliktverleugnung; in: Zentrum für Erziehungshilfe der Stadt Frankfurt am Main und Förderverein (Hrsg.) Dokumentation der Fachtagung.

GEW Hessen (2005): Beschluss des Landesverbands der GEW Hessen vom 16. Juni 2005 in: www.gew-hessen.de

Gluck, Ch. W. (2008): Orfeo ed Euridice in: www.opera-guide.ch/libretto

Gluck, Ch. W. erato (1982): Orfeo ed Euridice Libretto.

Green, A.: (2000): Geheime Verrücktheit – Grenzfälle der psychoanalytischen Praxis. Gießen.

Grimm, J. und W. (1984): Deutsches Wörterbuch von Jacob und Wilhelm Grimm, Band 11, Kuckuk II.1.2.c: Luthers Tischreden München.

Grimm, J. und W. (1974): Der Froschkönig oder der eiserne Heinrich, in: Kinder- und Hausmärchen gesammelt durch die Brüder Grimm, Erster Teil. Frankfurt am Main.

Grzimek, B.: (1980): Grzimeks Tierleben – Vögel 2 – Band 8, München.

Habermas, J. (1985): Ziviler Ungehorsam – Testfall für den demokratischen Rechtsstaat; in: J. Habermas: Die neue Unübersichtlichkeit; Frankfurt am Main.

HBuEP (2007): Hessischer Bildungs- und Erziehungsplan. *Bildung von Anfang an:* Hessisches Sozialministerium und hessisches Kultusministerium (Hrsg.). Stand Dezember 2007.

Homer: Ilias – Odyssee (Übertragung: Johann Heinrich Voss). München.

Kerényi, K. (1994/1960): Die Mythologie der Griechen. Band II: Die Heroengeschichten; München.

Khan, M. R. (1963): Selbsterfahrung in der Therapie, München

Marx, K. (1953/1845/46): Die deutsche Ideologie. A. Thesen über Feuerbach, in: K. Marx: Die Fruhschriften; Stuttgart.

Michaels, W. B. (2009): Wider den multikulturellen Imperativ; in: Le monde diplomatique 2/09: 22f.

Sandler, J./Sandler, A-M. (1999): Innere Objektbeziehungen – Entstehung und Struktur, Stuttgart.

Schwab, G. (1974): Sagen des klassischern Altertums, Wien.

Shakespeare, W. (1955): König Lear I.4 in: Shakespeares Werke – englisch und deutsch; 4. Band, übers. von A. W. von Schlegel. Tempel-Verlag Berlin und Darmstadt.

Theis-Scholz, M. (2007): Das Konzept der Resilienz und der Salutogenese und seine Implikationen für den Unterricht in: Zeitschrift für Heilpädagogik 7/07.

Wolff, L. (2010, i. Vorb.): An den Grenzen der Pädagogik – Konflikte und Dynamiken in der sozialen Arbeit mit »Straßenkindern« in Cajamarca (Peru) – Psychoanalytisch orientierte Fallstudien aus zwei Projekten.

Wolff, M. (2004): Der außerschulische Bildungsauftrag der Jugendhilfe. Formen sozialen Lernens im öffentlichen Raum; in: Schirp, J./Schlichte, C./Stolz, H-J. (Hrsg.) (2004): Annäherungen – Beiträge zur Zusammenarbeit von Jugendhilfe und Schule, Afra-Verlag o.O.

Wustmann, C. (2008): Resilienz www.ifp.bayern.de/veroeffentlichungen/infodienst/wustmann-resilienz.

Zimbardo, S. Ph. (2008): Der Luzifer-Effekt – Die Macht der Umstände und die Psychologie des Bösen. Heidelberg.